Pierre-Gervais Majeau

Chemins de plénitude

Pierre-Gervais Majeau

Chemins de plénitude

Des routes nous menant à la vie du Royaume

Éditions Croix du Salut

Impressum / Mentions légales

Bibliografische Information der Deutschen Nationalbibliothek: Die Deutsche Nationalbibliothek verzeichnet diese Publikation in der Deutschen Nationalbibliografie; detaillierte bibliografische Daten sind im Internet über http://dnb.d-nb.de abrufbar.

Alle in diesem Buch genannten Marken und Produktnamen unterliegen warenzeichen-, marken- oder patentrechtlichem Schutz bzw. sind Warenzeichen oder eingetragene Warenzeichen der jeweiligen Inhaber. Die Wiedergabe von Marken, Produktnamen, Gebrauchsnamen, Handelsnamen, Warenbezeichnungen u.s.w. in diesem Werk berechtigt auch ohne besondere Kennzeichnung nicht zu der Annahme, dass solche Namen im Sinne der Warenzeichen- und Markenschutzgesetzgebung als frei zu betrachten wären und daher von jedermann benutzt werden dürften.

Information bibliographique publiée par la Deutsche Nationalbibliothek: La Deutsche Nationalbibliothek inscrit cette publication à la Deutsche Nationalbibliografie; des données bibliographiques détaillées sont disponibles sur internet à l'adresse http://dnb.d-nb.de.
Toutes marques et noms de produits mentionnés dans ce livre demeurent sous la protection des marques, des marques déposées et des brevets, et sont des marques ou des marques déposées de leurs détenteurs respectifs. L'utilisation des marques, noms de produits, noms communs, noms commerciaux, descriptions de produits, etc, même sans qu'ils soient mentionnés de façon particulière dans ce livre ne signifie en aucune façon que ces noms peuvent être utilisés sans restriction à l'égard de la législation pour la protection des marques et des marques déposées et pourraient donc être utilisés par quiconque.

Coverbild / Photo de couverture: www.ingimage.com

Verlag / Editeur:
Éditions Croix du Salut
ist ein Imprint der / est une marque déposée de
OmniScriptum GmbH & Co. KG
Heinrich-Böcking-Str. 6-8, 66121 Saarbrücken, Deutschland / Allemagne
Email: info@editions-croix.com

Herstellung: siehe letzte Seite /
Impression: voir la dernière page
ISBN: 978-3-8416-9885-8

Copyright / Droit d'auteur © 2013 OmniScriptum GmbH & Co. KG
Alle Rechte vorbehalten. / Tous droits réservés. Saarbrücken 2013

CHEMINS DE PLÉNITUDE!

PIERRE-GERVAIS MAJEAU, PTRE-CURÉ

DIOCÈSE DE JOLIETTE, QUÉBEC

AVANT-PROPOS

Quitter la prison de ses certitudes, oser remettre en question son système de pensée théologique, cela demande de l'humilité et de la confiance. En découvrant l'œuvre de François Varone au cours d'un séminaire à l'Université de Montréal, j'adoptais les thèses de cet auteur qui devaient marquer un tournant dans ma vie de pasteur. Je quittais les sentiers d'une théologie de l'expiation pour adopter les thèses d'une théologie de la révélation. Je découvrais une pensée tellement lumineuse et libératrice, une pensée optimiste sur l'humanité en partenariat avec un Dieu-Père tombé en amour avec elle. « Dieu a tellement aimé le monde qu'il lui a donné son Fils afin que toute personne qui croit en lui obtienne déjà par lui la vie éternelle, la gloire, la plénitude. » (Jn 3,16) Dans ce second tome, j'aborde différents sujets tout en me laissait habiter par cette théologie d'un salut qui nous rend possible une vie en abondance. Puissions-nous découvrir ces chemins de salut, de plénitude, offerts par pure grâce!

DIEU: UNE CRÉATION HUMAINE?

Chacun ou chacune d'entre nous, nous sommes habités par la question de Dieu, de son existence ou de sa non-existence. Toute notre vie, nous cherchons ses traces dans notre monde, dans notre histoire. Il est impossible de prouver scientifiquement l'existence ou la non-existence de Dieu. Par prouver, j'entends ici prouver scientifiquement! Depuis des siècles, les philosophes ont élaboré des thèses et des preuves de son existence pour expliquer Dieu comme la cause première de toute vie, selon la logique de la filière de la cause et de son effet! Mais cet argument est fallacieux car en effet, si on peut remonter indéfiniment de l'effet à la cause, le monde serait donc éternel.

Alors Dieu ne serait donc pas son créateur! Ou encore, le monde aurait commencé par lui-même, au début d'une façon minime et tâtonnante et allant en se complexifiant! En ce cas, nul besoin d'un Dieu créateur! Et en troisième lieu, chercher à prouver que l'univers a nécessairement besoin d'un créateur peut à la limite signifier que ce Créateur a nécessairement besoin de sa création pour être et en ce cas ce serait affirmer que Dieu l'Incréé a besoin ontologiquement du créé pour lui-même être! Tout un problème alors à dénouer. Devant le monde vivant et complexe, peut-on deviner la présence d'un Être supérieur?

Mais en regardant de plus près ce monde, n'en voyons-nous pas aussi toutes les horreurs dans certains mécanismes destructeurs comme les séismes, les dérèglements de tous ordres! Ce monde est-il le fruit d'une pensée organisatrice ou un monde essayant de trouver son chemin vers son accomplissement à travers les tâtonnements aveugles? Le monde avec ses forces de croissance et de diminution affirme-t-il la présence d'un dieu créateur ou en récuse-t-il toute présence?

Le croyant ne peut pas prouver l'existence cosmique de Dieu et de plus, sa foi est agressée par la pensée athée qui soutient que Dieu n'est pas créateur mais créature de l'homme! La nature, la santé, la précarité de l'existence de tout vivant échappent douloureusement à notre désir de vie en plénitude, échappant à toute menace de destruction. Alors l'homme s'imagine donc un Dieu tout-puissant que sa prière fera agir en sa faveur! Je cite ici François Varone qui m'a d'ailleurs inspiré cette réflexion sur Dieu : « Tu as peur de ta fragilité, de la mort, tu désires vivre un bonheur sans faille, tu as soif d'être aimé et reconnu pour pouvoir donner sens à ton existence : tu donnes donc consistance à un Dieu dont la Providence veille sur toi! Tu exerces un pouvoir de domination sur les hommes et tu désires le maintenir : alors tu organises une Église qui met les puissants à l'abri du Tout-Puissant, conserve l'ordre dans la soumission hiérarchique et renvoie à plus tard la réalisation maintenant subversive des désirs de l'homme. Dieu est une projection de l'homme, la religion est une aliénation de l'homme, inconsciente ou organisée. » (in Ce Dieu absent qui fait problème, p.15.) C'est Voltaire qui disait avec humour : « Dieu a créé l'homme à son image et l'homme le lui a bien rendu! » En effet, la critique des penseurs contemporains aura vite démoli les prétentions de l'existence d'un Dieu qui autoriserait les systèmes religieux autoritaires qui prétendent parler en son nom et qui cautionnent des dénis des droits humains…Ces dénis des ayatollahs de ce monde se réclament toujours d'un Dieu maitre de ce monde! Les religieux païens se donneront toujours des dieux prétendus nécessaires à leur précarité.

Alors il apparait désormais plus clair qu'on accède à Dieu non pas par une démarche extérieure soit scientifique ou métaphysique mais par une démarche intérieure, par expérience! Une expérience qui ressemblerait à l'expérience amoureuse. Dieu ne peut être connu que s'il est reconnu. Il se veut absent dans une présence discrète laissant au monde et à l'humanité son autonomie et sa libre auto-détermination. Un genre de souveraineté-association quoi! L'Homme est souverain dans ce monde et Dieu s'associe à lui par une présence de partenariat. Nous sommes donc appelés à parler d'un Dieu créateur qui agit au cœur des règles physiques qui régissent le monde et dans la discrétion de la toute-puissance de son amour. Aujourd'hui, le croyant a le fardeau de la preuve tandis que l'athée autrefois apparaissait comme un être problématique et même vicié!

Dans la pensée païenne, (une pensée religieuse certes!) le monde s'explique par ce Dieu avec lequel il vaut mieux transiger pour se mettre à l'abri de ses caprices. Dans le régime de la foi chrétienne, celle de l'expérience biblique, il y a une rupture nette! Ce n'est pas l'Homme qui doit faire valoir Dieu pour échapper à ses menaces imaginées comme le soutient la pensée religieuse païenne, mais c'est Dieu qui fait valoir l'homme en l'établissant comme son partenaire dont il n'est ni jaloux ni jugeur, mais allié! Voilà comment pense le croyant chrétien habité par l'expérience de la foi évangélique.

Dans la foi, Dieu se révèle tout autre! Il se fait découvrir tout autre! Il se révèle non pas comme le Dieu bouche-trou qui a réponse à tout, qui contrôle tout et qui mandaterait des contrôleurs mais le Dieu qui se fait reconnaitre comme un Dieu-Amour, en alliance avec le monde et l'humanité pour les conduire à leur plénitude! Un Dieu non pas jaloux et mesquin qui se ferait pingre en amour et en providence, mais un Dieu volontairement absent ou du moins discret, nous conduisant par des approches discrètes vers sa rencontre, vers le partage de sa PLÉNITUDE! Dans la foi, nul n'est besoin d'un Dieu interventionniste. Dieu se fait présent dans une ENGLOBANCE aimante et respectueuse de notre autodétermination et de notre souveraineté sur ce monde.

DU MYTHE À LA PROMESSE!

Initialement cet article devait s'intituler : de la révolte athée à la foi d'Abraham et de Sara. En effet, au cours de l'Antiquité, des mythes surgirent dans les différentes cultures méditerranéennes et proche-orientales pour expliquer la présence de l'homme et le problème du mal. Ces différents mythes accusent toujours le chef des différents panthéons d'être un dieu jaloux. Ainsi dans le mythe de Prométhée, Zeus, le chef du panthéon grec, punit Prométhée qui a tenté de lui voler le feu, un attribut divin, afin de le donner aux hommes. Si la tentative prométhéenne avait réussi, les humains auraient été tentés de se détourner de Zeus. Ce dernier punit donc Prométhée en l'attachant à une montagne du Caucase pour que son foie soit dévoré inlassablement par un aigle… Dans ce mythe, on apprend que le dieu maître du monde est impitoyablement jaloux de l'homme. Dans son traité intitulé *LE BANQUET* Platon présente Zeus, le dieu maître de l'Olympe, devenant jaloux à la pensée que les premiers humains créés androgynes et possédant une force incroyable les rendant capables de s'attaquer aux dieux, pourraient ainsi cesser de lui offrir des sacrifices. Alors Zeus décide de les fractionner en deux parts : homme et femme, les condamnant ainsi à passer leur temps à refaire leur unité ainsi rompue tout en les rendant plus vulnérables et moins portés à la révolte athée!

Dans un autre mythe grec, c'est la première femme de l'humanité, Pandore, qui est offerte aux hommes pour les punir de leur orgueil athée. Pandore épousa Épiméthée, frère de Prométhée, et elle devint par la suite responsable du Mal sur la terre en ouvrant le vase interdit qui contenait toutes les misères de l'humanité. Dans le fond du vase il ne resta alors que l'Espérance! On peut penser qu'en ouvrant le vase, Pandore se trouvait par le fait même à justifier la punition de Zeus! Dans une série de contes légendaires, Gilgamesh, roi d'Ourouk décrit sa quête d'immortalité et la réprobation venant des dieux! Somme toute, tous ces récits traduisent la recherche de l'immortalité et la farouche opposition des dieux païens. Dans la Bible, nous retrouvons un relent de ces mythes anciens car les auteurs de la Bible ne vivent pas en vase clos, mais sont soumis aux influences culturelles des autres peuples qui les entourent. Ainsi dans le passage de la chute du premier couple, c'est la femme, à l'instar de Pandore, qui provoque l'homme vers la transgression et le rejet de l'ordre divin l'empêchant devenir comme un dieu!

La tentation du rejet de Dieu est vieille comme le monde et elle explique encore aujourd'hui certaines affirmations aberrantes sur la femme, sur la jalousie de Dieu, sur l'origine du Mal. Le Mal accuse Dieu ou l'Homme? La tentation est grande d'accuser l'un et l'autre mais s'il y avait une autre vision possible des choses! Allons donc voir! En effet, souvent, selon les mythes païens, Dieu est un juge impitoyable, sévère, qui rétribue selon les mérites. C'est ce Dieu-là qui chasse Adam et Ève de leur paradis terrestre et qui les condamne au travail et à la souffrance en compensation de leur faute. Ce Dieu de la rétribution nous apparait jaloux de l'homme et méfiant de ses prérogatives divines. Ce Dieu de la rétribution aime bien que l'homme se sente coupable, déchu de ses dons reçus à l'origine du monde. Ce Dieu aime les temples, les sacrifices d'expiation et surtout il exige mérites et satisfactions pour les péchés de l'homme. Pourquoi donc ce Dieu ne pardonne-t-il pas au premier couple cette faute "originelle"? Peut-on pécher quand on a reçu dès l'origine les dons préternaturels? Dans le récit de la Genèse, pour sauver Dieu n'a-t-on pas sacrifié l'homme désormais déchu? Sommes-nous ici en régime chrétien quand nous affirmons cette thèse? Est-ce là le vrai Dieu de la Bible? Le Dieu tel qu'il se révèle à Abraham, à Moïse, à Élie? Et si le Dieu de la Bible, le Dieu de la Révélation était un Dieu non pas jaloux mais en amour avec l'humanité, en alliance avec lui, partenaire dans la quête humaine de la plénitude. Le Dieu de la Bible est d'abord celui qui s'émerveille de sa création et de l'humanité. Quand il crée, Dieu crée forcément du non-Dieu, mais il le fait par amour et non pour avoir un exutoire à sa violente jalousie! Pour cette humanité créée dans la finitude et le manque originel de moyen de salut et de plénitude, Dieu a un grand rêve révélé d'abord à Abraham. "Quitte ton pays et va vers la Terre de la Promesse!" Voilà la parole dite au père de la foi! Quitter son pays, ses vieilles projections païennes sur Dieu, pour enfin découvrir le Dieu de la foi, de l'alliance. Moïse quittera ses sandales qui ont foulé les terres païennes pour cette rencontre du Dieu Autre au buisson ardent; Élie quittera les gloires païennes du Dieu prétendument courroucé au mont Carmel pour rencontrer un tout Autre Dieu au mont Horeb. Le Dieu de la foi biblique est un Dieu bienveillant qui tient sa promesse et qui tient à sa promesse. Soulignons ici que le mot PROMESSE se dit en grec EPANGELIA et que le mot ÉVANGILE en grec se dit EUANGELION. Ces deux mots sont très proches l'un de l'autre parce qu'ils évoquent une même réalité : la promesse de Dieu faite à Abraham s'est pleinement réalisée dans la personne du Christ par qui nous sommes devenus héritiers de l'annonce (évangile) du salut, de la plénitude. C'est ce que l'apôtre Paul tente d'expliquer aux Galates : vous avec quitté le règne de la Loi et donc du système religieux pour entrer dans le règne de la PROMESSE faite à Abraham. Par le Christ vous êtes devenus cohéritiers du salut annoncé à Abraham. Mais la tentation est forte de revenir à ses vieux ferments religieux au lieu de marcher vers la Terre promise indiquée par serment à Abraham et à sa descendance annoncée aussi nombreuse que les étoiles du ciel et les grains de sable de la mer!

Au cours de l'Histoire, malheureusement, nous avons sans cesse oscillé entre le Dieu de la Promesse avec qui nous vivons déjà une alliance et le dieu païen, méfiant de l'homme, jaloux et mesquin dans l'octroi des grâces dûment méritées! Le Dieu Tout-Autre, celui de l'Évangile de la Promesse, est en amour avec l'Humanité, il s'en est fait le partenaire et IL l'accompagne vers la plénitude où Dieu sera Tout en tous! (Cor.15, 28). C'est ce Dieu Tout-Autre que le Christ nous fera découvrir par sa pratique prophétique, par l'enseignement de ses paraboles de miséricorde, par sa confiance en un Dieu capable de le relever d'entre les morts : « Entre tes mains, je remets mon esprit! » Entre tes mains, je m'en remets! Aujourd'hui, quand des gens se disent athées, sont-ils alors athées du Dieu de Jésus-Christ ou du dieu païen si souvent rappelé par nos pratiques "religieuses" ambiguës?

HEUREUX CES SERVITEURS, LE MAÎTRE LES SERVIRA.

Au cœur de notre monde, les croyants ressentent toujours un peu plus l'absence de ce Dieu de la foi et son absence, dans ce monde sécularisé, fait aussi problème. Les uns aimeraient encore se trouver dans un monde religieux, soumis à la providence d'un Dieu qui contrôlerait tout, avertissant ou punissant par les moyens terrifiants des séismes ou autres catastrophes. Heureusement, ce temps de religiosité douteuse est passé. Nous avons franchi le cap de l'expérience de la foi. Dans la foi, Dieu laisse toute la place à l'homme pour qu'il puisse se réaliser pleinement et en toute souveraineté. Dieu confie ce Royaume à l'homme en partant en voyage, en s'absentant donc de la gouverne de ce monde.

« Soyez prêts à agir, en ayant votre ceinture autour de la taille et vos lampes allumées. Soyez semblables à des serviteurs qui attendent leur maître au moment où il va revenir d'un mariage, afin de lui ouvrir la porte dès qu'il arrivera et frappera. Heureux ces serviteurs que le maître, à son arrivée, trouvera éveillés! Je vous le dis, il attachera sa ceinture, les fera asseoir pour le repas et viendra les servir. » (Lc 12, 35-37) Ce Dieu absent qui fait problème est aussi et surtout celui qui fait donc confiance! Tandis que certains aimeraient que le Maître ne parte jamais, d'autres acceptent de prendre ainsi tout l'espace libéré pour occuper pleinement cette fonction d'humanisation de ce monde. L'homme découvre ainsi qu'il est appelé en toute souveraineté sur ce monde à prendre une part réelle à ce chantier immense. Évitant les peurs, les tentations religieuses de se servir de Dieu comme d'un paravent devant les détresses de ce monde, l'homme en arrive, dans la foi, à vivre une alliance avec Dieu perçu comme partenaire dans sa quête de sens et dans l'appel de son désir de plénitude. Dieu n'est plus celui dont on se protège ou encore celui qu'on manipulerait par intérêt, mais celui qui devient partenaire dans notre quête de béatitude. Ce désir en nous, Dieu l'a posé comme un appel et non comme une contrainte. L'homme achèvera sa quête de plénitude dans sa rencontre avec le Dieu des noces éternelles, celui qui le fera passer à sa table pour le servir, pour lui apporter, dans la résurrection, la béatitude et la plénitude. L'absence de Dieu est donc respectueuse de la recherche humaine, car elle permet au désir qui habite le cœur de l'homme de le provoquer à poursuivre sa quête, en tenant la lampe de la foi allumée et en se consacrant au service du Royaume.

Se tenir prêts, c'est surtout se tenir en état de service, par un engagement à transformer ce monde selon les valeurs du Royaume. Notre quête de sens se concrétise donc dans le service du Royaume et dans la promotion de l'humanité. Notre foi n'est donc pas une fuite mais une consécration à ce monde. Je citerai encore une fois François Varone : « En christianisme authentique, celui qui est foi et non religion seulement, la Résurrection est la seule source de sens, pour la vie, pour la pensée et pour tout problème. Seul l'avenir avec le Dieu qui Vient peut éclairer le regard qu'aucun homme ne peut éviter de porter sur le mystère du Dieu Absent. » (In

Ce Dieu absent qui fait problème, Le Cerf, p. 224) L'apôtre Paul dira : « Si le Christ n'est pas ressuscité, notre parole est vide. » (1 Co 15,14)

Dans le règne de la foi, Dieu fait donc valoir l'homme, le reconnait comme partenaire et se fait patience et miséricorde pour ses égarements vers les fausses gloires et les illusions dans sa quête de plénitude. Et avec Dieu qui fait valoir l'homme, l'homme s'engage à faire valoir l'homme en s'engageant à faire de ce monde, un signe du Royaume à venir. La foi en la résurrection devient donc une puissante source d'espérance et de motivation à l'engagement. Refusant toutes religions de peur, de sacrifices méritoires, de révoltes lucifériennes ou prométhéennes, l'homme se consacrera pleinement à la transformation de ce monde pour en faire le signe de la plénitude à venir. Le Dieu de la foi se fera pour l'homme une providence non pas d'avertissement menaçant, mais une providence d'inspiration en resituant l'homme au centre de ce monde appelé à régner sur ce monde non pas comme un déchu mais comme un élu. Au sein de ce monde en devenir, les souffrances et les séismes sont inévitables et naturels au processus de la vie, l'homme est appelé à les voir comme des étapes de développement d'un monde sans cesse soumis aux douleurs d'un enfantement qui dure encore. Ce monde est appelé à son achèvement et l'humanité entière est appelée elle aussi à cet achèvement dans la gloire de la résurrection.

Dans l'attente de ce jour de la plénitude où le Maître nous fera passer à sa table pour nous servir, nous gémissons et nous crions notre foi, notre peine dans une prière où s'exprime notre confiance filiale et où se nourrit notre solidarité avec les frères. La prière devient donc un souffle qui inspire notre engagement et notre désir et notre aspiration à la plénitude, à la vie du Royaume, à la Table du Maître.

LA PRIÈRE DE JÉSUS: PRIÈRE DE PRÉSENCE.

La prière de Jésus ou du nom de Jésus est très ancienne dans l'histoire de l'Église. Comment pourrait-on la définir? Cette forme de prière est un appel à la médiation et à l'intercession du Christ; elle est une réalisation de sa présence; elle est une offrande sacrificielle de louange; elle est partage de la joie et de la puissance de la Résurrection; elle est accueil de l'effusion de l'Esprit-Saint et enfin un outil de transformation spirituelle et de transfiguration des personnes. C'est en lisant les *RÉCITS DU PÈLERIN* que j'ai découvert pour ma part la prière de Jésus. Et depuis vingt ans, à la suite de la conférence spirituelle donnée par le P. Lucien Coutu, la pratique de la prière de Jésus s'est installée à demeure dans ma vie spirituelle. Tous les jours, je reprends à maintes reprises, la longue suite de l'invocation de la prière de Jésus : « *SEIGNEUR JÉSUS CHRIST, FILS DU DIEU VIVANT, PRENDS PITIÉ DE MOI PAUVRE PÉCHEUR!* » Utilisant un chapelet dit "byzantin" contenant cent grains, la prière du nom de Jésus consiste à reprendre inlassablement l'invocation, tel un mantra, créant ainsi en soi un état de prière! Pour y arriver à goûter spirituellement cette prière, il est donc nécessaire de prendre le temps de se rompre à cette discipline spirituelle.

La prière de Jésus a ses sources dans le Nouveau Testament mais des réminiscences vétérotestamentaires viennent donner à cette prière, des racines très anciennes. En effet, dans l'Ancien Testament, le nom de Iahveh, comme sa parole, était comme une entité distincte de la personne même de Dieu-Iahveh. Dans le livre des Psaumes, le nom divin devient comme un refuge, une puissance de vie. Dans le Nouveau Testament, en Lc 1,31, l'Ange révèle à Marie le nom que portera le fils annoncé : JÉSUS (SALUT DE IAHVEH). Trois textes du Nouveau Testament expriment à merveille la vénération du nom de Jésus : « Dieu lui a donné un nom qui est au-dessus de tout nom, afin que, au nom de Jésus, tout genou fléchisse, dans le ciel, sur la terre et sous la terre. » (Phi 2,9-10); « Il n'est pas sous le ciel d'autre nom donné parmi les hommes par lequel on puisse être sauvé » (Ac. 4,12); et enfin « Jusqu'ici vous n'avez rien demandé en mon nom…Tout ce que vous demanderez en mon nom, il vous l'accordera. » (Jn 16, 23-24). Le livre des Actes des Apôtres pourrait être appelé l'Évangile du Nom de Jésus tant les références à la puissance de ce nom sont nombreuses. Ces quelques réminiscences bibliques nous aideront à considérer le nom de Jésus comme une puissance de salut et de vie. Dans le *PASTEUR* d'Hermas (vers 150 P.C.) l'auteur écrit que pour l'homme « recevoir le nom du Fils de Dieu, c'est échapper à la mort et se livrer à la vie ». Il écrit également : « Nul ne peut entrer dans le Royaume de Dieu si ce n'est par le nom du Fils. » Et encore : « Le nom du Fils de Dieu est grand et immense, et c'est lui qui soutient le monde entier. » Ces quelques citations d'Hermas nous font voir une première ébauche de la théologie du nom de Jésus et elles nous font voir comment s'est élaborée la vénération du nom de Jésus. Comme dit l'adage latin : NOMEM EST OMEN, le nom est la personne-en-son-devenir! Chez les Pères grecs et latins, le souci de développer la dévotion au nom de Jésus est constant. Par exemple, l'évêque Saint Ambroise rappelle que le nom de

Jésus était contenu dans Israël comme un parfum dans un vase clos et que maintenant ce vase s'est ouvert pour répandre ce parfum, il y a eu effusion de ce nom ou surabondance de grâce (ex abundantia superfluit quidquid effunditur) Ces quelques références néotestamentaires et patristiques nous amèneront à découvrir comment le nom de Jésus n'était pas seulement un concept, mais surtout une évocation de sa puissance de salut!

En conclusion, nous rappellerons quelques données sur la forme et l'usage de la prière de Jésus. Initialement, la prière de Jésus consistait en la simple invocation du seul nom de Jésus, d'où son appellation de PRIÈRE DE JÉSUS. Par la suite, l'invocation s'est développée pour en arriver à la formulation la plus courante maintenant : SEIGNEUR JÉSUS CHRIST, FILS DU DIEU VIVANT, PRENDS PITIÉ DE MOI, PAUVRE PÉCHEUR! Cette prière peut être pratiquée partout, en tout lieu, en tout temps, oralement ou mentalement : il s'agit de laisser le nom imprégner silencieusement notre cœur. Cette prière de Jésus sera chez certains épisodique dans leur cheminement spirituel, pour d'autres, elle deviendra une méthode de prière. On ne choisit pas la prière de Jésus, on y est appelé et conduit par le Seigneur. Le nom de Jésus, devenu le centre d'une vie, rassemble et unifie tout. « Il devient une ascèse, un filtre au travers duquel ne doivent passer que les pensées, les paroles, les actes compatibles avec la divine et vivante réalité que ce nom symbolise. La croissance du nom dans notre âme implique une décroissance correspondante du moi séparé, la mort quotidienne à l'égoïsme dont tout péché découle. » (La prière de Jésus, p. 76, coll. Livre de vie, auteur anonyme.) La prière de Jésus s'approfondit au cours de l'usage prolongé pour devenir adoration et présence éprouvée du Sauveur et mystère du salut. Ce nom de Jésus invoqué devient source de paix et de pardon. Le nom de Jésus est un moyen de revêtir le Christ, de grandir en son union, d'incarner dans nos vies sa Parole et sa plénitude qui remplit tout en tous. La prière du nom de Jésus est une méthode de transfiguration : prononcé en nous, il nous aide à transfigurer le monde en Jésus. La prière du nom de Jésus nous conduit donc à exercer un ministère de transfiguration et de résurrection pour notre monde. La prière du nom de Jésus est source de communion ecclésiale, car en elle, nous rencontrons toutes personnes qui sont unies au Seigneur. En ce nom nous pouvons enclore toutes personnes aimées du Seigneur : celles qui partagent nos vies et celles également qui sont déjà parties à la rencontre du Seigneur car la résurrection du Christ est déjà la résurrection et la vie de tous les baptisés appartenant au corps du Christ, à l'Église donc.

La prière de Jésus peut devenir une sorte d'Eucharistie : notre cœur en prière devient cette chambre haute où Jésus mange sa Pâque et où la Cène purement spirituelle peut être renouvelée constamment, l'invocation du nom devient une offrande de louange, une eucharistie, une communion spirituelle et une anticipation de la célébration sacramentelle du pain de vie. Le pain et le nom sont sources de salut et nourriture spirituelle. L'invocation du nom de Jésus si fréquente dans les Actes des Apôtres nous rappelle que cette invocation est indissociable de l'effusion et de l'action de l'Esprit Saint au sein de notre monde. En prononçant le nom de Jésus, nous nous rappellerons sans cesse de la remise que Jésus a faite de sa vie à ce souffle divin, à cette puissance de vie. Prononcer le nom de Jésus c'est prononcer la Parole, le Verbe qui était près de Dieu, en Dieu et que Dieu prononce constamment comme signe de salut pour le monde. Le Père et moi, nous sommes uns! Prononcer le nom de Jésus, c'est être en communion avec le Père et admirer le don qui est au-dessus de tout don possible, Jésus lui-même. Prononcer le nom de Jésus, c'est joindre le Fils au Père et entrevoir quelque reflet de leur unité et par le fait même, avoir accès au cœur du Père. Le nom de Jésus devient porteur du Christ total et nous introduit à sa présence totale : l'invocation du nom de Jésus nous ouvre au salut, au pardon, à l'incarnation et à la transfiguration, à l'Église et l'Eucharistie, à l'Esprit et au Père. Toutes choses sont réunies dans le Christ (cf. Eph.1, 10) Le nom est le support de la présence du Christ dans nos vies et son invocation nous conduira finalement à la pleine communion de sa Présence, de sa Personne.

En terminant, puissions-nous vivre ce bonheur d'être ce vase choisi pour porter le nom de Jésus comme le Seigneur l'a dit un jour à l'apôtre Paul (Act. 9,15). Comme il est étonnant de constater la profonde corrélation entre la prière de Jésus et la vénération des icônes du Christ. Il y a là toute une piste à découvrir.

LE PRISME DE L'EXPÉRIENCE CHRÉTIENNE.

Il y a des lustres et des lustres qu'à chaque année se tient une semaine de prière pour l'unité des chrétiens avec un résultat plus que mitigé. Où en sommes-nous arrivés aujourd'hui? J'ai l'impression que nous vivons une certaine lassitude à ce sujet. L'ordination d'anglicans passés au catholicisme risque de réveiller de vieux soupçons de maraudage, de mépris. Après tant d'années, je suis d'avis qu'il nous faut repenser le tout de fond en comble! Et si nous partions d'une autre façon de penser! Au lieu de considérer l'existence de plusieurs Églises comme une catastrophe, nous y voyions une chance pour l'Évangile? En effet, chaque rupture ou schisme au cours de l'Histoire est toujours venu à la suite d'une longue série d'aigreurs mutuelles, d'endurcissement et d'obstination de la part de notre Église souvent prétentieuse et les autres Églises souvent en réaction devant l'attitude romaine. Et si nous avions osé considérer les questionnements des autres Églises comme des appels à se convertir davantage à l'Évangile au lieu de brandir les menaces d'excommunication, si nous avions recherché le consensus, le compromis, et si nous avions vu la diversité des traditions comme des chances pour l'Évangile de s'acculturer au lieu de revendiquer sa suprématie, notre Église se serait enrichie de toute une somme d'expériences spirituelles et ecclésiales !

L'Apôtre Paul, dans sa première épitre aux Corinthiens, au chapitre 1, rappelle que nous appartenons tous au Christ et qu'entre nous, il ne saurait y avoir des divisions et des disputes. Le Christ est porteur de l'Évangile du Royaume. La lumière du Christ franchit le prisme de l'Évangile et se décompose en différentes couleurs comme celles du spectre solaire. L'Évangile est vécu et acculturé par différentes communautés qui lui donnent une couleur particulière. Les différentes traditions chrétiennes (celles des orthodoxes, celles provenant des différentes traditions protestantes etc…) viennent nous rappeler la richesse du message chrétien. Au lieu de voir cette situation comme une catastrophe, pourquoi ne pas la voir comme une chance de faire rayonner l'Évangile, le message de salut dans toute sa diversité d'appropriation spirituelle et culturelle? Nous avons donc toute une nouvelle approche à considérer devant la question de l'œcuménisme aujourd'hui. Ce mot d'origine grecque signifie MAISON habitée ensemble, maison commune. Il s'agit ici de la maison du Père éternel. Nous sommes tous en route vers cette maison mais nous n'en sommes pas les gestionnaires mais les … invités! Considérons alors les membres des autres communautés chrétiennes comme des sœurs et des frères qui sont en route, tout comme nous, vers la maison où le Père nous attend.

Au sein de notre propre Église catholique, nous avons une immense conversion à vivre : tout en étant fiers de notre tradition ecclésiale malgré ses dérives nombreuses tout au long de l'Histoire, nous avons à repenser notre approche concernant la question du rôle de Pierre que tient le pape assisté de tous ses collaborateurs. Le rôle de Pierre est symbole d'unité ou d'uniformité? Deuxièmement, ce rôle est-il celui d'un frère qualifié, d'un père plein de tendresse et d'accueil ou celui qui est davantage porté sur la condamnation et *l'excommunication dans les situations litigieuses? Affermir ses frères ou les refouler?*

En 1910 se tenait à Édimbourg, la première conférence des Églises protestantes et depuis, bien des tentatives sont apparues pour favoriser l'unité des Églises. En 1948, à Genève, était fondé le Conseil œcuménique des Églises auquel s'est jointe notre Église catholique seulement en 1962! Et depuis lors beaucoup de rapprochements ont été réalisés mais on est encore loin de la coupe aux lèvres sur le chemin de l'unité. Pourquoi donc? Les Églises ont peur de perdre leur patrimoine théologique et ecclésial? Et si l'unité se réalisait non pas au niveau de l'uniformisation des traditions ecclésiales mais plutôt par une considération et une reconnaissance mutuelle! Au lieu d'exiger de l'autre des compromis, des abandons, nous privilégions plutôt le partage de ces traditions qui sont venues enrichir l'actualisation du projet évangélique du Christ pour notre monde? Si au lieu de se prévaloir de nos droits et de nos prétentions, nous avions de l'admiration pour les autres Églises. Peut-être que la considération mutuelle engendrerait l'unité chrétienne dans la diversité culturelle et spirituelle.

IL NE S'AGIT D'ATTENDRE QUE LES AUTRES VIENNENT À NOUS MAIS QU'ENSEMBLE NOUS ALLIONS VERS LA MAISON DU PÈRE, VERS LA MAISON COMMUNE! Et ce chemin deviendra possible, si nous nous efforçons de vivre, selon nos valeurs propres, les pratiques évangéliques que nous partageons. Prier pour l'unité deviendrait alors non pas un devoir annuel fastidieux mais une nouvelle façon de se redécouvrir comme des sœurs et des frères au parcours différent mais complémentaire! Et si nous nous émerveillions de nos ressemblances, alors nos différences seraient une source d'enrichissement mutuel!

EUTHANASIE: MON DERNIER GRAIN DE SEL.

En ce 18 janvier 2011, la commission des affaires sociales du Sénat de France a voté une proposition de loi dont l'article 1 se lit comme suit : « toute personne capable, majeure, en phase avancée ou terminale d'une affection accidentelle ou pathologique grave et incurable, lui infligeant une souffrance physique ou psychique, qui ne peut être apaisée ou qu'elle juge insupportable, puisse demander à bénéficier d'une assistance médicalisée permettant par un acte délibéré une mort rapide et sans douleur. » En soi, d'un premier coup d'œil, une telle proposition semble acceptable et moralement recevable! Y aurait-il matière à interrogation? Ma réponse se fera dans l'affirmative.

Une loi légalisant l'euthanasie (l'euthanasie définie ici comme tentative médicalisée d'interruption ou abrogation de la vie), aurait un impact majeur sur l'acte médical en soins de fin de vie et ajouterait au patient une pression afin d'accepter cette solution généreuse et citoyenne dans le but d'éviter des coûts ou encore de se plier à des pressions venant des membres de la famille. Toutes les dérives deviendraient possibles considérant les différentes interprétations que d'aucuns pourraient s'autoriser à tenir. Et les personnes les plus fragiles et les plus démunies seraient évidemment les plus à risques de subir les possibles dérives. À titre de comparatif, pensons à la question de l'interruption volontaire de grossesse : au début, nous songions aux cas les plus risqués pour l'autoriser et c'est devenu par la suite, un droit exercé comme un moyen de contraception comme les autres et nous en arrivons à environ 30,000 interruptions volontaires de grossesse par an au Québec! Est-ce là une question à laquelle on devrait s'arrêter, non pas pour remettre en question le DROIT mais son application abusive?

De plus, outre les dérives possibles et déjà observées ou cela est déjà voté comme loi, (le Parlement européen vient de poser la question de l'application abusive de la loi qui l'autorise en Hollande!) Il appert que des médecins spécialisés en soins palliatifs sont d'avis qu'une telle loi autorisant l'euthanasie, n'est pas nécessaire plus qu'il ne le faut, puisque déjà les médicaments et analgésiques sont à ce point efficaces que peu de patients demandent à les aider à mourir après y avoir songé. En effet, plus on accompagne avec professionnalisme les grands malades en fin de vie, au plan psychologique et physiologique, plus les demandes d'aide à mourir s'estompent. Et ce sont les personnes âgées qui sont les plus hostiles à l'euthanasie selon un sondage réalisé en France, au début de janvier dernier par l'agence Opinion Way. De plus, selon le même sondage, il appert que les soins palliatifs sont très méconnus (53% selon le même sondage, affirmaient ne rien en savoir et donc 47% affirmaient les connaitre tout à fait ou encore assez bien!) Quand nous considérons l'espace réservé aux hôpitaux pour les lits en soins palliatifs en regard des autres unités de soins, nous voyons que nous avons un immense défi devant nous : développer des cliniques spécialisées en soins palliatifs comme on en ouvre en temps d'urgence pour des situations de grippe ou d'épidémie appréhendée. Toujours selon le même sondage évoqué précédemment, 63% des personnes affirment vouloir privilégier les soins palliatifs plutôt de subir une injection mortelle. La prise en charge adaptée des grands malades en soins palliatifs fait chuter les demandes d'aide à mourir.

Le Dr Patrick Vinay, md, Ph.D., membre du comité d'éthique du Réseau de soins palliatifs du Québec, souligne que les demandes d'euthanasie proviennent des membres de la famille des malades qui pensent que les souffrances sont intolérables pour leur proche. Les membres des familles des grands malades pensent que les analgésiques ne sont pas assez puissants ou encore, ils ont trop mal de voir l'un des leurs partir si vite et ont tendance à projeter sur leurs malades, leurs propres angoisses voire même leurs propres souffrances. « Peu de malades en fin de vie bénéficiant de soins palliatifs de qualité vivent en fait des douleurs intolérables : les outils pour contrôler la douleur sont puissants. Mais les familles peuvent quand même penser que les souffrances ne sont pas contrôlées. » Voilà ce qu'affirme le Dr Vinay. Il faut donc rassurer aussi les familles en ce cas! C'est la famille qui souffre au pied du lit des grands malades en fin de vie, il faut donc l'aider, l'accompagner dans le respect et soulager ses appréhensions. Et si on permettait alors à la famille de décider, dans ces instants de douleur, de panique, de stress, d'émotions vives, de procéder à l'interruption de la vie? Imaginons alors dans quel climat, dans quel ambiance, le malade ayant de la difficulté à s'exprimer, pourrait alors se faire entendre! Et toutes les culpabilités vécues par les familles quand le calme serait revenu et aurait fait resurgir toutes les questions! Quand je pense à cela mon choix est vite fait entre les compétences du médecin spécialisé en soins palliatifs et les décisions émotives et irrationnelles des dernières minutes prises dans ces circonstances inappropriées!

LES ENJEUX DE LA NOUVELLE ÉVANGÉLISATION

En 2012, s'est tenu à Rome un synode sur la nouvelle évangélisation pour la transmission de la foi chrétienne. On parle encore de *TRANSMISSSION* de la foi en termes de contenu et de savoir au lieu d'en parler en termes de pratique de vie, de spiritualité et d'expérience mystique. Cela pose question! Depuis la révolution culturelle et technologique et l'avènement de la globalisation des marchés et des cultures, nous avons vécu en Église un grand éclatement des pratiques et des engagements. Comment s'expliquer ce phénomène? Je pense que toute notre pratique pastorale consistait alors à transmettre des données dogmatiques et des comportements moraux sans trop se soucier de faire vivre une spiritualité et une pratique de vie évangélique. On transmettait tout ce qu'il fallait SAVOIR pour aller au ciel sans trop faire l'apprentissage de la mystique et de la spiritualité chrétienne. Quand on privilégie la valeur de la transmission de la foi et des valeurs inhérentes on développe alors des stratégies d'encadrement et de contrôle pour s'assurer de cette entreprise. Le défi actuel consiste donc non pas reconquérir le membership dilué mais à actualiser la tradition chrétienne, la pratique de vie évangélique qu'elle soutient et la vie spirituelle qui l'anime. Ce défi consiste donc à faire en sorte que cet héritage devienne un projet. Ce projet se réalisera désormais hors des contraintes et des encadrements, au rythme des expériences intermittentes de la foi.

Rappelons-nous qu'il en a été souvent ainsi dans l'histoire du christianisme. Les traditions chrétiennes se sont développées aux risques des inculturations géopolitiques ou autres. Les quatre évangélistes témoignent déjà au 1er siècle de quatre pratiques de vie évangélique et ecclésiale. Il est illusoire de penser que la vie de l'Église, au cours des siècles, a toujours présenté un visage d'uniformité cultuelle et culturelle ou encore théologique. On doit donc accepter qu'il en soit encore ainsi aujourd'hui! C'est avec beaucoup de patience qu'on verra apparaitre les jalons d'une nouvelle ecclésiologie propre à la situation inédite que nous vivons en ce 21e siècle. Si on veut tout contrôler il y a alors un grand risque de découragement et d'étouffement. Je remarque maintenant qu'aux Journées Mondiales de la Jeunesse qui se tiendront à Madrid, on pense devoir encadrer la foi par une publication d'un catéchisme adapté aux jeunes et en encadrant la tenue vestimentaire de certains participants. Il y a matière à questionnement ici! Quel est l'objectif visé et clairement avoué? Le dilemme demeure : catéchisme ou évangélisation? Transmission de données de la foi ou engendrement dans la pratique de la vie chrétienne? On parle de transmission de la foi dans une pédagogie de conformité ou si on privilégie aussi le sens inversé de l'évangélisation : évangéliser c'est aussi se laisser interpeller par les pratiques spirituelles de l'autre! Présentement nous accueillons des pasteurs venus des Églises d'autres cultures. Laissons-nous ces pasteurs nous révéler les richesses de leur propre spiritualité ou les obligeons-nous à se calquer sur nos propres valeurs spirituelles et chrétiennes. Même s'il est souhaitable que notre propre Église se prenne en mains et en charge d'elle-même, il est heureux que notre Église se laisse évangéliser par des pratiques alternatives. Que notre Église naisse autrement dans cette confrontation culturelle.

Si nous analysons ces engouements que vivent les personnes qui tentent des expériences dans les mouvements spirituels alternatifs, nous remarquons que ces personnes vont ailleurs parce qu'elles trouvent dans les autres groupements religieux une spiritualité qu'elles ne retrouvent par dans notre Église. Nous offrons des savoirs et des contrôles mais peu d'expérimentations mystiques au sein de notre Église. Pour Karl Rahner l'avenir du christianisme est une question mystique. Pour lui un mystique c'est quelqu'un qui fait une expérience de la présence de Dieu dans sa vie. Jésus lui-même fait la critique des pratiques religieuses de son temps, des tentatives rigides de la religion institutionnalisée préférant faire découvrir un Dieu tout Autre, un Dieu d'amour, de miséricorde et de bienveillance. Pour évangéliser notre monde à l'ère de la globalisation des marchés, il serait bon de découvrir les nouvelles pierres d'assise repérées au contact des cultures différentes afin que donner à notre Église une dynamique pour la nouvelle évangélisation de l'humanité de ce 21e siècle.

La nouvelle évangélisation s'accomplira seulement dans la sollicitude pastorale, en proposant de nouvelles façons de faire Église, en partageant avec les autres une véritable vie de foi joyeuse, en actualisant une ÉCOLOGIE de la personne. Si notre foi promeut une vision de la personne qui soit libre, ouverte et tolérante devant les différences rencontrées, admirative devant ce monde objet de la bienveillance divine, alors il a des chances que cette nouvelle ou récente évangélisation soit porteuse de fruits pour le monde surtout mais pas nécessairement pour l'institution ecclésiale.

Les récentes crises qu'ont traversées certains partis politiques et certains regroupements ecclésiaux nous apprennent que désormais les gens ne sont plus fidèles PAR DEVOIR aux institutions politiques ou religieuses mais qu'elles s'autorisent à marchander leur allégeance en fonction des bénéfices qu'elles en retirent. Leur fidélité se fait maintenant circonstanciée et monnayée en regard des attentes exprimées. Il en est ainsi dans l'Église forcément parce que ces personnes n'arrivent pas à la communauté ecclésiale expurgées de toutes valeurs ambiantes. Leur participation se fera intermittente, conditionnelle et critique. Devant ce fait, malheureux serait celui qui ferait fi de ces données pour se lancer dans une nouvelle approche spirituelle ou politique ou autre! L'Église doit donc tenir compte de cette nouvelle réalité et proposer avec beaucoup de patience et de sollicitude cette nouvelle tentative de l'annonce de la foi.

Sur ce chemin périlleux de la nouvelle évangélisation, l'Église devra découvrir que L'Esprit-Saint qui *INFORMAIT* ce monde en planant sur ces eaux, c'est-à-dire sur ces forces vives, qui présidait au relèvement pascal du Christ, qui se répandait sur les premières communautés chrétiennes est aussi ce même Esprit qui la devance sur les routes de cette nouvelle humanité tissée dans les entrefilets des cultures et des pratiques diverses. L'action de ce même Esprit ne saurait être encadrée par les tentatives de contrôle de l'institution ecclésiale. On parle aujourd'hui de la nouvelle évangélisation comme d'une réalité inédite. Elle le sera inédite si cette nouvelle évangélisation se fait en respectant ces enjeux à peine esquissés.

Mots-clés : nouvelle évangélisation, inculturation, pastorale d'engendrement, ecclésiologie, transmission de la foi, contrôle.

LES VISAGES DE L'EXPÉRIENCE DE DIEU

Le choix se précise de plus en plus de nos jours, ou bien on est croyant ou bien on est athée, la religion humaine et sa fille naturelle, la malcroyance, ne sont que des serpents qui se mordent la queue! C'est ainsi que nous pourrions dresser le paysage des différents visages de l'expérience de Dieu de nos contemporains. Mais aussi comment ne pas évoquer aujourd'hui le drame de l'intégrisme qui envahit de plus en plus le paysage religieux.

L'intégrisme carbure à la peur. Ce qui motive essentiellement l'intégriste dans sa relation à Dieu, c'est la peur. Il est donc important qu'entre lui et Dieu, se dresse alors une institution-forteresse qui lui garantisse une protection solide et immuable capable de le protéger. Cette institution dotée de pouvoir hiérarchique, de savoir dogmatique, de rites efficaces saura donc exorciser la peur de l'homme dans la prise de conscience de sa précarité. L'intégriste trouvera donc dans l'institution religieuse revêtue d'autorité et d'anathèmes, une certitude de salut pour lui. Le châtiment, ce sera donc pour les autres! L'intégriste vise donc à se mettre à l'abri des exigences d'un Dieu implacable car son monde oscille entre la Loi et la Punition. Ce qui retient le plus notre attention au sein de l'Église, ce sont les manœuvres désespérées de ces intégristes pour qui la dureté de la loi est garante de salut. Ce qui retient le plus l'attention dans les média cependant ce sont les comportements des intégristes politico-religieux! Ces intégristes, loups dans la bergerie des âmes dévotes, se servent de la religion comme outil de contrôle, de peur, de soumission. Ces talibans de tous poils se revêtent du manteau de la rectitude religieuse pour mieux arriver à leurs fins politiques. Le bras séculier de la foi, au fait, ça vous dit encore quelque chose?

Un autre visage apparait aussi dans le paysage religieux : l'athée existentialiste : un réactionnaire devant la religion aliénante et culpabilisante qu'entretient tout système religieux. Ce croyant à rebours refuse tout enfermement dans des binômes intangibles : loi-punition, mérite-salut, péché-grâce. L'athée refuse donc que la religion soit une machination de la peur enfermant l'homme dans une désespérante angoisse existentielle : pour exister l'homme doit se défaire de tout Dieu! L'athéisme peut prendre aussi un visage plus mou : toute référence religieuse dans la vie est considérée comme totalement inutile et ne nécessite aucun comportement hostile de la part du non-croyant, de l'agnostique pratique.

Un autre croyant apparait dans le paysage de l'expérience spirituelle, appelons-le le religieux de l'utile : flairant la bonne affaire, il trouvera le moyen d'arracher à Dieu des faveurs bien monnayées! Rite, troc, promesse et vœu... autant d'outils que ce religieux emploiera pour arriver à son but! L'ambiguïté caractérise le comportement de ce croyant encore païen dans son rapport avec le divin. La médiation rituelle doit répondre à des besoins utilitaires du religieux : la religion doit jouer un rôle d'intégration et d'efficacité!

La sœur jumelle de la religion de l'utile porte le nom de malcroyance! Le malcroyant pratique une religion à la carte capable de répondre à ses besoins de l'heure, pratiquant aisément un amalgame de rites et de dévotions capables de conjurer les peurs existentielles ou de répondre à des besoins ponctuels. Ce cocktail religieux est peut-être le chemin spirituel le plus fréquenté de nos jours.

Nous rencontrons en fin de parcours le croyant habité par la foi. Nous pourrions utiliser l'image du trépied pour couvrir les différents aspects de l'expérience spirituelle : l'athéisme, la religion naturelle et la foi. D'ailleurs, nos vies connaissent des saisons où ce trépied se concrétise dans notre propre paysage spirituel. La foi n'est pas un état spirituel pétrifié mais plutôt un parcours existentiel à travers les chemins de la vérité. La foi est une aventure infinie et inépuisable, elle est force, certitude, tendresse et vulnérabilité. La foi reprend le chemin prophétique du Christ et de l'Évangile, endossant sa pratique de vie pour vivre une expérience spirituelle de type conjugal avec Dieu. Le croyant accepte de relire et de confronter son expérience de vie à la lumière de l'Évangile, reprenant et intégrant dans sa vie réelle, les différents parcours vécus par les croyants de la Bible. Le croyant acceptera de vivre son expérience de foi en Église pour partager avec les autres croyants toutes les dynamiques de sa foi et portera ainsi avec les autres, le témoignage de son attachement au Christ et à sa Parole.

PARDONNER : NAÏVETÉ OU SAGESSE?

Le pardon n'a pas bonne presse, nous n'en connaissons à vrai dire souvent que des caricatures. Et si le pardon était plus que ce que nous en avons appris jusqu'à maintenant! En effet, pardonner ne veut pas dire qu'il faille oublier nécessairement la blessure subie ni la personne qui nous a causé cette blessure. Nous n'avons pas le contrôle de notre mémoire et c'est tant mieux! Car il est sage parfois de ne pas oublier tout en tentant de pardonner : ça nous évite certaines naïvetés! Le pardon est souvent confondu avec l'excuse! Excuser l'autre facilement pourrait vouloir dire deux choses : ou bien l'offenseur n'est pas responsable de ses actes ou bien moi, je n'ai que peu de valeur et il est acceptable donc qu'on me diminue! Ce serait rêver en couleur et faire preuve de naïveté que de penser que pardonner signifierait obligatoirement qu'on doive se réconcilier. Parfois, il est sage de pardonner mais de ne pas se réconcilier ou de reprendre une relation avec l'autre en pensant que désormais tout sera comme avant. Il serait plus sage de penser qu'après le pardon, tout désormais sera comme après le pardon! Pardonner ne veut pas dire qu'on tolèrerait des situations d'injustices qui nous seraient imposées! Avant d'amorcer des stratégies de pardon, il est essentiel de régler les questions de justice et de droit à tout prix! Pardonner est comme un fruit que l'on cueille en temps voulu, pardonner n'est pas un coup de volonté, mais un coup de cœur… pour soi! Pour prendre soin de soi!

Tenter une définition du pardon n'est donc pas facile mais cette définition pourrait ressembler à la suivante : pardonner, c'est une démarche plus ou moins longue qui commence par la volonté de pardonner et qui se poursuit dans la détente de laisser aller la faute de l'autre hors de soi! C'est donc redevenir harmonieux après le stress de l'offense subie! C'est arracher les racines du mal plantées en soi par le geste de l'offenseur! Le pardon est donc une guérison, une libération de soi!

Le pardon est donc une démarche de guérison intérieure qui peut se vivre sur une longue période de temps. D'abord il s'agit de faire cesser les actes offensants et décider de ne pas se venger. Tout un défi! Ensuite, il faut reconnaitre sa blessure en évitant de la refouler ou de la nier et la partager avec des aidants pour en faire la véritable évaluation afin que vivre le vrai deuil de la perte subie! Si nous ressentons de la colère et de la vengeance à la suite d'une agression, que ces sentiments nous servent alors de provocations et d'appels à prendre soin de soi parce que nous en valons la peine! Pour arriver à pardonner, il est nécessaire alors de se trouver digne de pardon, digne de soin. Il importe donc que notre estime de soi soit bonne car elle est notre planche de salut pour vivre un pardon libérant! Le but du pardon est de faire en sorte que notre blessure subie devienne une occasion de dépassement et de croissance intérieure. La sagesse nous apprend l'art de transformer nos pertes en gain, en occasion de croissance. Il n'est pas bon de s'acharner à pardonner; le pardon viendra en son temps après une longue période de cheminement et de lâcher-prise! Pour arriver à vivre le pardon, il est important de désirer vivre cette libération, cette guérison comme une chance, une grâce pour soi! L'autre, l'offenseur ne sera que le bénéficiaire secondaire du pardon. Si j'ose comprendre cet offenseur, j'en arriverai peut-être à découvrir une personne souffrante qui fait souffrir l'autre à cause de sa propre désespérance!

Finalement, après avoir vécu le pardon en toutes ses étapes. Nous aurons alors la possibilité de reprendre ou de ne pas reprendre la relation avec la personne offensante. Notre sagesse nous aidera à discerner ce qui est le plus sage de faire. Car pardonner ne veut pas dire qu'on doive reprendre nécessairement la relation avec l'autre. On la reprendra cette relation uniquement si cela est jugé bon pour soi! Et si on reprend cette relation, il importe de tenir compte de l'offense subie pour réajuster la relation renouvelée. Le pardon est un outil de guérison de soi et pour soi. C'est pour cette raison que le pardon est au cœur de la prédication du Christ : « Je ne te dis pas que tu dois pardonner sept fois, mais soixante-dix-sept fois sept fois! » Donc que ton pardon soit large car il est signe que tu prends soin de toi! En terminant, nous tenons à rendre hommage au P. Jean Montbourquette qui a inspiré notre réflexion sur le pardon. Ce prêtre psychologue a beaucoup écrit sur le pardon et l'estime de soi.

PASSER DE LA CORDE ... À LA MISÉRICORDE!

Les paroles malheureuses de ce sénateur qui affirmait ces derniers jours : « qu'on devrait fournir dans les cellules de prison des grands meurtriers, une corde au cas où ils voudraient passer à l'acte », ces paroles, dis-je, ont fait couler beaucoup d'encre. Le suicide des condamnés aux peines maximales serait somme toute une bonne affaire pour le système de justice selon ce sénateur. Ces propos nous rappellent que nous considérons notre système de justice comme un outil pour que les contrevenants puissent avoir des punitions équivalentes à leurs actions criminelles. Notre justice se veut surtout vindicative et expiatoire. Il faut compenser par la peine reçue, le tort causé par notre geste. Plusieurs croyants voient la justice de Dieu de la même manière. Pour eux, une justice divine est forcément une justice de reddition de comptes tolérant à l'occasion, dans des situations douloureuses, des mesures d'exceptions ou encore certains échappatoires. Et si notre pratique de la justice devenait non pas un processus de verdicts compensatoires mais une stratégie de réhabilitation en évitant toute philosophie de vengeance et toute pensée magique et naïve. Et si Dieu était plus porté sur la miséricorde que sur la corde!

La justice selon l'Évangile consiste en deux points : la non-identification du pécheur à son péché, la non-maximalisation de la peine. Chaque fois que Jésus pardonne à un pécheur, il condamne toujours son péché mais revalorise cette personne en lui redonnant de l'avenir, de l'espérance, en la voyant plus grande qu'elle ne se voit elle-même. Regardons de plus près le texte de la femme adultère en Jn 8, 1-11. Des scribes et des pharisiens ont conduit cette femme et l'ont enfermée au milieu du cercle de la loi. Selon la loi, elle mérite la mort. Elle aurait par le fait même ce qu'elle mérite selon la loi. Ces gérants du système religieux appliquent donc la loi au nom de ce Dieu juste. Ces gérants de la loi se tiennent debout en cercle, conscients que Dieu, juge implacable, ne peut rien leur reprocher car ils sont sans péché selon leur prétention.

Jésus, au nom d'un Dieu débonnaire qui pourrait aller jusqu'à récompenser le péché et punir la vertu, aurait pu demander la grâce de cette femme. Il s'y refuse. Jésus aurait pu, au nom de sa pratique de vie exemplaire, revendiquer ses mérites et rejoindre le rang des gérants du système religieux et participer à l'exécution de cette femme. Il s'y refuse. Jésus aurait pu alléguer que dans certaines circonstances douloureuses, son Dieu peut mettre sa justice dans sa poche et sortir de l'autre poche, sa miséricorde. Jésus s'y refuse. Mais Jésus, refusant toute dérive de justice compensatoire, annonce un Dieu Autre qui exerce son jugement par Jésus en condamnant le péché mais en sauvant la personne car il refuse toute identification du pécheur à son péché et lui ouvre des voies inespérées. Dans sa justice, Dieu détruit le mal mais ajuste la personne en l'ouvrant vers sa plénitude. Dieu peut aussi se servir de la souffrance, de la maladie et de la mort, des phénomènes pourtant bien naturels, pour détruire en nous l'existence égarée et mortelle en nous transformant dans la résurrection.

Citons ici encore François Varone, celui qui nous inspire toujours dans cette réflexion : « Dans le coma de la mort, l'homme a fini de s'identifier à ses œuvres, à ses réussites, à ses quêtes des fausses gloires, à ses façades de gloire et de puissance. Mais aussi à ses humiliations, à ses pertes de sens, à son ennui dans l'absurde et le dérisoire. Libéré ou dépouillé, le Moi est alors mûr pour être réveillé et transformé dans la résurrection. » (F.Varone, *Ce Dieu juge qui m'attend,* Le Cerf, p.120) Pour l'instant, en cette vie présente, nous tentons de découvrir dans des valeurs forcément limitées, dans des biens forcément éphémères, des outils incapables d'assouvir notre quête de plénitude. Nous tentons par des moyens de violence, par des possessions valorisantes, par des pouvoirs prestigieux, de calmer en nous cette soif et cette quête de sens et de plénitude. Mais nous nous égarons, enfermés dans cette précarité et attendons notre délivrance. Devant ce drame humain, le Dieu-Père, avec patience, attend de nous prendre tous en sa miséricorde. Nous ressemblons tous à cette femme adultère dans notre quête d'absolu, tentant d'assouvir notre désir de plénitude dans des valeurs limitées. Alors le Dieu-Père nous enferme dans des vases de patience en attendant de pouvoir nous prendre tous en sa miséricorde. Le vase évoque ici la largeur, la hauteur, la profondeur du cœur de ce Père. Son jugement viendra détruire en nous toute trace d'égarement rendant le Moi enfin libéré et capable de la gloire en participant à la plénitude du Christ. Enfermer dans la patience puis libérer par sa miséricorde pour nous identifier à son Image parfaite, le Christ : voilà le schéma du SALUT!

Tandis que les scribes et les pharisiens pensaient pouvoir agir sur Dieu pour être sauvés en retour, par une acquisition valable de mérites; le croyant sait dans la foi que Dieu nous inspire des chemins de plénitude, accepte de nous enfermer dans des vases de patience pour enfin nous prendre en ses vases de miséricorde. « Ô profondeur de la richesse, de la sagesse et de la science de Dieu! Que ses jugements sont insondables et ses voies impénétrables! ») (Rm 11,11)

Dieu n'est pas fort sur la corde, celle de la désespérance et de la négation de la dignité. Il est plus fort sur la miséricorde : en répondant à notre quête de plénitude, il nous provoque à devenir vraiment des Moi aptes à la seule identification qui comble pleinement cette béance existentiellement en nous conformant au Christ, Image parfaite du Père. Son pardon, sa miséricorde nous refaits justes. Décidément, notre Dieu-Père n'est pas celui de la corde mais… de la miséricorde!

LES BÉATITUDES : POUR VIVRE DANS LE ROYAUME !

Une lecture des Béatitudes contaminée depuis fort longtemps par une théologie de la compensation et du mérite nous a conduits à des affirmations contraires à l'esprit du Christ. En s'appuyant sur cette lecture propre à la théologie de la satisfaction ou de la compensation, nous en sommes venus à affirmer que la pauvreté, la persécution, les souffrances et les pleurs…seraient méritoires pour le Royaume. Pourtant ces paroles inaugurales du sermon sur la montagne nous rappellent que nous sommes déjà dans le Royaume si nous vivons les valeurs propres du Royaume : la pauvreté spirituelle, la douceur évangélique, la compassion, le combat de la justice, la pratique de la miséricorde et du pardon, la droiture et la pureté et enfin la paix. Puisque vous êtes déjà dans le Royaume en endossant la pratique du Christ, la pratique des valeurs évangéliques fera de vous des témoins de ce Royaume et des ouvriers de ce Royaume!

Tout comme Moïse avait gravi la montagne pour recevoir la parole de libération, Jésus, nouveau Moïse de la nouvelle Alliance, gravit lui aussi la montagne pour lancer sa charte du Royaume. Comme le Royaume s'est fait proche de nous, il importe que Jésus nous fasse découvrir cette charte nous révélant les conditions de participation à la vie du Royaume. Tandis que nous avons souvent soutenu qu'une pratique d'ascèse et de renoncement nous ferait mériter le Royaume, Jésus nous révèle une toute autre pratique : l'ascèse, le renoncement, la pratique évangélique de la pauvreté spirituelle et les autres valeurs du sermon ont pour but de nous faire goûter déjà la vie du Royaume. La pratique des valeurs du sermon sur la montagne permet d'ajuster notre vie à l'esprit évangélique afin de profiter déjà de la plénitude annoncée et de nous transformer en révélateurs de l'existence actuelle du Royaume et de sa plénitude à venir.

Parce que je suis saint, déclare le Seigneur à Moïse, vous aussi vous serez saints! Et les dix paroles de libération nous montrent le chemin de la sainteté afin de vivre en alliance. Jésus, nouveau Moïse, procède de la même façon : puisque vous êtes déjà dans le Royaume, vivez donc dans l'esprit du Royaume! La pratique prophétique de Jésus vient donc révéler le chemin nous conduisant à la plénitude que le Père nous révèle par la parole de son prophète Jésus qu'il a établi héritier de tout! (Héb.1,2) Jésus nous livre la charte du Royaume en s'assoyant comme un maître de sagesse et il nous en révèle les conditions d'accès. La première béatitude nous rappelle l'exigence de liberté afin de pouvoir s'ouvrir à ce Royaume. Un cœur suffisant ou arrogant de puissance ne peut s'ouvrir à la pratique de vie du Royaume. La simplicité de vie, l'ascèse, le renoncement librement accepté, nous rend pauvres de nous-mêmes et disponibles à l'aventure nous conduisant à la plénitude de vie que le Père veut nous partager. L'humilité nous fait réaliser notre fragilité humaine et nous rend disponibles à la quête du Royaume. Jésus nous annonce que le Royaume est déjà ouvert à ces humbles! La douceur évangélique est une règle d'or du Royaume non pas parce qu'elle ferait de nous des victimes qui aimeraient souffrir pour gagner des mérites afin d'aller au ciel, mais parce qu'elle nous inspire des combats courageux de non-violence : marches de solidarité, manifestes politiques, programmes de conscientisations… Des combats menés dans la non-violence selon la pratique prophétique de Jésus. Le Royaume n'est pas absent de ce monde, mais au contraire, sa pratique et sa logique annoncent déjà l'autre, celui qui viendra au temps de la plénitude quand le Père sera tout en tous! La valeur de la compassion proposée par Jésus comme béatitude de vie nous rappelle que déjà nous sommes appelés à témoigner de la compassion éprouvée par notre compagnonnage avec Jésus. La compassion nous rend sensibles aux détresses des autres et nous rapproche d'eux pour les libérer de leurs souffrances. Nous sommes des êtres de libération parce que nous nous savons nous-mêmes libérés de toute désespérance.

La soif de justice est aussi une règle de béatitude évangélique! En effet, vivre des engagements de justice et de libération sociale ou politique est un impératif du Royaume : vivre le combat pour la justice devient un chemin vers la plénitude. Le Royaume de Dieu n'est pas une réalité désincarnée mais inscrite dans l'Histoire. Le salut se fait dans l'Histoire! L'ancienne relecture du texte des Béatitudes, tributaire de la théologie de la satisfaction, pouvait s'accommoder d'une conception individualiste de la quête du Royaume mais c'était une entreprise qui travestissait le message du Christ. C'est tout l'homme qui est promis à la plénitude, et l'homme est essentiellement un être de relation et d'alliance.

D'ailleurs Jésus ne déclare-t-il pas heureux les persécutés pour la justice : s'ils sont persécutés c'est donc dire qu'ils se sont forcément engagés dans des combats de justice car il est rare que la persécution vienne chez soi parce que secrètement nous avons vécu selon les valeurs proposées par Jésus.

La valeur de la miséricorde est une autre règle d'or du Royaume : la pratique de cette valeur fait de nous des révélateurs de la miséricorde du Père et nous désarme de la violence et du jugement méprisant ou excluant. Ainsi libérés de toutes exclusions, nous devenons des êtres de pardon, des révélateurs du Dieu de Jésus-Christ. La pratique de la miséricorde fait de nous des êtres courageux et engagés dans la pratique prophétique du Christ. Le chemin des Béatitudes est un chemin d'exigences, de courage. La pratique de Jésus n'a pas pour but de nous transformer en pleutres et en lâches mais en engagés pour le Royaume.

La pureté du cœur (la limpidité ou la droiture du cœur) est une valeur révélatrice de la vie dans le Royaume. La pratique de cette béatitude nous fait ressembler à notre Père céleste et fait de nous des personnes en qui le Père reconnaît des fils et des filles et elle nous rend capables de voir Dieu, donc de le reconnaitre dans les lieux de sa présence de bienveillance discrète et respectueuse de notre autonomie.

Nous avons souvent valorisé des relectures récupératrices et biaisées des Béatitudes au risque de rendre l'Évangile et sa pratique suspectés de naïveté aujourd'hui. Et pourtant, la conclusion du texte des Béatitudes nous rappelle que la pratique des valeurs du Royaume pourrait nous exposer au mépris, à la ridiculisation de notre pratique de vie parce qu'elle nous aura fait ressembler à notre Maître. La récompense annoncée (l'allégresse du Royaume ou sa plénitude) nous viendra non pas parce que nous aurons mérité et gagné ce Royaume, mais parce que notre pratique de vie évangélique nous aura fait endosser la pratique de Jésus qui passe parfois par la croix mais va jusqu'à briser les impasses de la mort par l'éclat de la résurrection. Comme Jésus a été exalté et établi Fils de Dieu (Act.2,23), nous partagerons cette même plénitude en endossant sa pratique de vie. Personne ne peut aller vers le Père sans endosser la même pratique de vie de Jésus, sans prendre le même chemin des Béatitudes.

PROPOSITIONS POUR UNE ÉGLISE D'AVENIR

L'AVENIR DE NOTRE ÉGLISE ME PRÉOCCUPE AU PLUS HAUT POINT. Une seule génération fréquente la communauté, les jeunes et les gens d'âge moyen sont partis depuis belle lurette. On aurait beau culpabiliser les gens, les pasteurs, la société, cela n'arrangerait pas la situation actuelle. La tentation du retour aux valeurs et aux pratiques du passé est une pure illusion : ce serait encore une fois la tentation de la chapelle fermée sur soi! Les grands responsables de notre Église clament à tout vent que la situation actuelle est imputable au vent de relativisme qui a cours maintenant : encore là la tâche leur incombe de prouver une telle assertion! On a souvent présenté le salut annoncé par la foi chrétienne comme le salut de l'homme tel que défini par la philosophie scolastique : le salut pour un être idéalisé sans aucun lien avec l'histoire, la société, la vie économique et politique de son temps, un être composite formé d'un corps et d'un esprit. Un salut sans emprise sur l'homme véritable! Et si l'homme du vingt-et-unième siècle, n'était plus religieux au sens "païen " du mot mais plutôt un être pragmatique, scientifique et conscient de son environnement? Et si la foi chrétienne n'était pas à l'aise dans un système religieux. Rappelons-nous que les premiers chrétiens étaient soupçonnés d'athéisme parce qu'ils rejetaient le système religieux de leur temps!

Quand on lit les blogues, on se rend compte bien vite que les gens sont méfiants des systèmes politiques, économiques ou autres. Le système ecclésial ne fait pas exception! Devant le dévoilement des scandales au sein de l'Église, les gens sont devenus encore plus sceptiques et corrosifs. Encore une fois, on a pensé qu'une condamnation des coupables viendrait remettre les pendules à l'heure! On a démonisé des personnes déviantes sans remettre en question l'approche qui a prévalu à cette situation problématique! Si le système actuel n'est pas modifié, on se condamne à reproduire les mêmes situations dans l'avenir : les cas deviendront plus cachés et plus déviants malheureusement! Et tous ces réflexes de survie deviennent douteux puisqu'ils ne visent qu'à perpétuer les concepts ecclésiologiques qui ont généré ces problématiques. ET SI ON OSAIT UN GRAND CHANGEMENT PROPHÉTIQUE!

Pour une Église vraiment catholique ou universelle, dans ce monde actuel, dans le but d'acculturer la foi évangélique et d'en assurer la pertinence pour l'Homme de ce siècle, il faut faire un grand virage! Voici donc quelques propositions que j'ose déposer en faveur de notre Église.

1) Que notre Église permette l'émergence en son sein, d'un fort courant prophétique, accueillant courageusement projets et propos sans méfiance, les considérant comme une grâce et une chance, sans succomber à la facile tentation de la censure, du mépris du changement voire même de l'exclusion. Se pourrait-il que la société ambiante avec sa culture et ses valeurs, ait une mission inversée pour L'Église? Rappelons-nous qu'engendrer dans la foi c'est d'abord et avant tout, engendrer dans l'amour.

2) Que notre Église promeuve l'annonce de l'Évangile et l'avancement des valeurs du Salut avant de faire la promotion de son système religieux et du pouvoir de ses institutions .L'Église existe avant tout pour porter la mission du Christ au monde réel de ce temps. L'Église est porteuse de propositions de salut pour le monde, c'est sa finalité!

3) Que notre Église quitte une fois pour toutes le discours ambigu de la théologie dite de la satisfaction et de la compensation, de la théologie du mérite et de l'expiation qui a engendré dans le passé et encore aujourd'hui tellement de malcroyances, d'athéisme, de révoltes… pour adopter une théologie dont les bases seront celles de la foi révélée, de la foi évangélique. L'Église ne peut être enfermée dans un seul système théologique, elle doit favoriser l'émergence d'une pensée plurielle. Dans le discours sur la montagne, Jésus nous rappelle qu'il faut d'abord chercher le Royaume et sa justice. La justice du Royaume se vérifie dans la pratique des Béatitudes, une pratique de vie dans le Royaume déjà actualisé mais tendant vers son accomplissement!

4) Que la morale que l'Église promeut au sujet de la sexualité quitte une fois pour toutes la notion de la loi naturelle pour adopter une notion beaucoup moins aléatoire, la notion du VÉRITABLE AMOUR tel que présenté dans plupart des textes néotestamentaires. (c.f. :1Co.12, 31 ss) La mission de l'Église ne consiste pas à faire la promotion d'un système philosophique si noble soit-il mais la promotion d'une morale basée sur les appels des Béatitudes! Le véritable amour, s'ajustant graduellement à l'Évangile se vit dans la promotion de l'autre, dans la fécondité de la relation amoureuse ou fraternelle, dans l'engagement selon les valeurs de dépassement promues par la pratique d'une vie évangélique, dans une fidélité libératrice et engagée. Que la morale promue par l'Église ne se fasse jamais condamnations et menaces d'exclusion, mais incitation et appel comme en fait foi la pratique même de Jésus dans l'Évangile. Une telle vision morale est loin d'encourager un relativisme nivelant et démobilisant comme d'aucuns le clament!

5) Que notre Église soit unifiée par la proclamation des mêmes données de foi chrétiennes essentielles à sa communion intrinsèque, mais diversifiée dans son organisation interne. Aux Églises locales de trouver les accommodements nécessaires dans la vie des communautés, l'agencement des ministères, l'acculturation des valeurs et des pratiques de vie chrétienne. Imaginez un seul instant, l'effervescence ecclésiale qui surgirait au sein des Églises. Je vais vous donner un exemple : au Québec, depuis près de vingt-cinq ans, on a pratiqué une pastorale de la miséricorde : conférences et livres sur le pardon, ateliers de thérapies, célébrations communautaires axées sur la célébration de la miséricorde avant tout, démarches symbolisées de pardon, absolutions communautaires célébrées au sein d'assemblées fort nombreuses… Enfin, on redécouvrait le pardon comme une valeur centrale de la foi chrétienne, après des siècles d'une pratique froide du sacrement du pardon vu comme lieu du tribunal d'une justice punitive de Dieu! Eh bien tout est fini

maintenant! Cette pratique étant jugée non-conforme par les instances romaines! Un quart de siècle d'une pratique merveilleuse du sacrement du pardon venait de recevoir un discrédit. Aujourd'hui, des paroisses n'offrent plus rien, parce que personne ne vient plus à la confesse! Cela m'attriste au plus haut point! Dans ce cas précis, a-t-on écouté ce que l'Esprit disait à l'Église ou nous sommes-nous tout simplement écoutés dans nos propres apriori?

6) Que notre Église devienne une véritable communauté de frères et de sœurs égaux, sans sexisme, sans racisme, sans discriminations basées sur les orientations sexuelles des personnes : une Église accueillante à la diversité des cheminements humains voire même amoureux. Tout en se réjouissant de l'avancement des droits pour les personnes vivant des engagements amoureux¨ autres¨ ou minoritaires, le voyant comme l'avancement du Royaume et de ses valeurs de justice, que notre Église promeuve une vision du mariage inspiré de l'Évangile et le présentant comme un sacrement de salut! Une telle pratique loin d'être contradictoire, se voudra surtout évangélique! L'Église n'aurait qu'à rappeler que tout amour est appelé à devenir signe d'Évangile!

7) Que notre Église quitte pour toujours ses discours de condamnations sur l'avortement, le condom, l'euthanasie, la conception assistée, le mariage gay…mais qu'elle fasse la promotion de la vie, de la grandeur des valeurs évangéliques. Son discours sera alors perçu comme des appels au dépassement et touchera le cœur de gens sensibles à ce genre d'appel à la promotion de la vie, au respect de la dignité humaine. C'est comme cela que l'Église s'assurera une pertinence dans le monde actuel. Quand l'Église condamne, elle ne fait que perdre de sa crédibilité et elle dessert son Maitre! Quand notre Église appelle au dépassement, elle apparait comme porteuse de lumière spirituelle pour notre monde actuel! Notre Église deviendra alors porteuse d'un levain capable de donner une force promotionnelle à notre humanité en quête de salut! Dans le ciel de Bethléem, le message donné en est un de paix, donc de plénitude, aux bien-aimés de Dieu, à l'humanité bien-aimée de Dieu!(Lc 2,14) Que la pratique pastorale de notre Église rappelle sans cesse par ses enseignements et ses appels, que nous sommes avant tout, les bien-aimés de Dieu. Donc que ce message en soit un d'appel, de promotion de l'homme, d'affirmation des valeurs proposées par le discours des Béatitudes. La pratique de ce discours fera de notre Église un sacrement de salut vraiment prophétique! Et alors si notre Église devenait inspirante pour ces jeunes en quête d'un humanisme et d'une spiritualité de libération!

QUAND S'ÉLÈVE LE VENT DE L'ESPRIT!

Ces derniers temps des voix se sont élevées pour nous alerter au sujet de l'avenir de notre Église et à propos de questions brûlantes d'actualité : le célibat obligatoire, la question de la théologie de la libération, les abus sexuels ... Ces voix prophétiques s'élèvent pour apporter un nouvel oxygène à notre Église anémique et gravement meurtrie par les scandales sans cesse rappelés dans l'actualité. Plus de 140 théologiens allemands ont signé récemment un manifeste portant le titre *L'ÉGLISE 2011 : UN RENOUVEAU INDISPENSABLE* et annonçant toute une série de changements possibles et urgents : accès aux ministères ordonnés pour les hommes mariés et les femmes, l'accueil des couples homosexuels, la fin du rigorisme moral, la participation des fidèles à la nomination des évêques et des curés... L'heure est grave : ou bien l'Église se secoue et se renouvelle ou elle sombre dans le silence de la mort en étouffant à jamais les derniers espoirs possibles. Ce manifeste arrive à point nommé car il précède de quelques mois seulement la visite du pape en Allemagne. D'ailleurs, la chancelière Angela Merkel vient de demander une exception pour son pays afin que des hommes mariés soient ordonnés prêtres, requête faisant suite aux multiples abus sexuels qui ont profondément blessé l'Église en Allemagne.

Que penser de tout ce vent de l'Esprit? D'abord, force est de constater que le régime constantinien de l'Église est obsolète voire révolu ainsi que sa justification théologique d'un autre âge. Après l'aventure du concile Vatican II, on a voulu restaurer l'ordre ancien, ouvrant la porte à toutes sortes d'intégrisme et n'hésitant pas à faire taire les grands théologiens, les prophètes entre autres de la théologie de la libération et surtout tentant de favoriser un christianisme univoque et aucunement prophétique. Les dirigeants de l'Église, aux prises avec la tentation de l'absolutisme, auront donc échoué : ils ont tenté de cacher les failles, les scandales, les aberrations organisationnelles afin de lutter de toutes leurs forces contre un supposé relativisme moral et théologique. Ces mêmes dirigeants ont éteint des ardeurs d'évangélisation partout dans le monde, laissant alors la place aux prédicateurs évangélistes. Partout l'Église a fondu en nombre, en crédibilité et au sein de ses pasteurs. Il n'est pas rare de voir des paroisses se fermer, privées de pasteurs, il n'est pas rare de voir des pasteurs en charge d'agglomération pastorale contenant plusieurs communautés.

Nous en sommes arrivés là pour sauver un principe : le célibat obligatoire! La gestion de cette règle me rappelle l'épisode d'Antioche dont parle l'apôtre Paul dans son épitre aux Galates (2,11-14). Pierre tergiversait à propos de l'observance de la loi de Moïse, il jouait double jeu s'attirant ainsi les remarques vigoureuses de Paul. Parce que Paul a osé lever le ton à ce propos de l'observance des règles de la loi de Moïse devenue obsolète depuis la résurrection du Christ, il a donné ainsi un avenir possible à l'Église! Dernièrement l'évêque de Bagdad rappelait qu'il n'y avait pas de problèmes de recrutement de prêtres dans son pays à cause de la non-obligation au célibat et que leur mode de vie les rendait plus acceptables en pays majoritairement musulman. Apparemment au Vatican, un projet de réforme de la règle du célibat circulerait discrètement et l'archevêque de Vienne n'a pas eu peur de remettre en question cette discipline dernièrement. Cette modification de la règle concernant le célibat ne règlerait pas tout : ne faisons pas de pensée magique! D'autres problématiques surgiraient : divorces ou séparations, problèmes familiaux… Mais en évitant toute forme de pression et/ou de répression, on favoriserait une sexualité moins compulsive et moins susceptible de déborder en toutes sortes d'exutoires questionnables. LES CHEMINS DE LA VIE DONNÉE OU ENGAGÉE SERAIENT DONC MULTIPLES ET APPORTERAIENT CHACUN UNE RICHESSE EXPÉRIMENTALE PROPRE!

Pour donner un avenir possible à notre Église, à l'heure des grands réseaux sociaux, il faut oser se remettre en question sinon l'Église le paiera aussi cher que les dictatures maghrébines qui n'ont pas vu se lever le vent des réformes nécessaires exigées par des populations jeunes, sans travail et sans avenir. Notre Église a perdu ses jeunes, ses forces d'avenir et nous nous cabrons sur de vieux concepts à sauvegarder parce que nous avons peur d'oser des changements. Nous réfléchissons sur les problématiques de ce temps présent et merveilleux avec les outils des théologiens du Moyen-âge! Nous oublions que toute théologie est forcément une théologie de libération parce que toute théologie est théologie du SALUT! Le salut passe par tout l'homme, par tout l'univers de l'homme : politique, social, communautaire… Ce n'est pas pour rien que le nouveau préfet des religieux, à Rome, Mgr Joao Braz de Aviz, vient de faire l'éloge de la théologie de la libération, sciant d'étonnement les jambes de beaucoup de collègues au Vatican!

L'Église n'arrivera jamais à se donner le meilleur modèle qui soit et qui préviendrait tous les problèmes possibles, elle devra toujours s'ajuster, se modeler sur de nouveaux paramètres, adapter sa culture et sa pensée à l'Évangile de la Promesse du salut. L'Évangile n'est pas gelé dans la glace mais il est Parole vivante sans cesse en train de susciter de nouvelles conditions de salut! Et nous, nous tiendrions à des images papales propres aux gloires impériales, à des structures de promotion et de pouvoir pour d'aucuns au lieu de promouvoir une pastorale d'humilité, de miséricorde et d'esprit évangélique. Est-il encore possible de maintenir pour l'Église un modèle constantinien en plein vingt-unième siècle sans se soucier de l'urgence d'une nouvelle évangélisation? D'ailleurs, nous percevons de plus en plus une grande lassitude au sein de l'Église et plusieurs ne veulent plus accorder de crédit aux instances romaines.

Des virages s'imposent de toute urgence. Après tant d'années à servir audacieusement l'Église, en temps de jeunesse comme en temps de maladie chronique, je pense que j'ai acquis un droit de parole à la fois exigeant et passionné pour le projet de salut inauguré par le Christ. Et je fais miennes les propositions des 140 théologiens allemands : 1) favoriser la participation dans les décisions visant l'animation des Églises; 2) favoriser la vie des communautés chrétiennes, véritables lieux d'Église et non succursales de services;3) reconnaître les droits des personnes, leur dignité et leur liberté; 4) reconnaître et favoriser la liberté de conscience des personnes dans leurs choix de vie et d'engagements amoureux; 5) l'Église doit vivre la réconciliation et surtout avec les personnes qu'elle a blessées par des pratiques d'abus de tous ordres afin de retrouver sa crédibilité et de cesser de faire ombrage à l'Évangile; 6) favoriser une liturgie propre à notre culture contemporaine : convivialité, partage de vie et de Parole pour une véritable fête de la foi.

En conclusion, acceptons une fois pour toutes que notre Église sera d'autant plus vivante et porteuse d'une PROPOSITION de salut qu'elle saura faire fleurir toutes sortes de visages théologiques, spirituelles, culturelles et communautaires. L'Église est comme un prisme qui réfracte la lumière de son Maître pour la diffuser sous différentes couleurs. Aucune de ces couleurs ne saurait prétendre épuiser toutes les potentialités de l'Évangile, mais ensemble, elles diffusent un Évangile de salut capable de parler d'espérance à notre humanité plurielle et objet de l'émerveillement et de la bienveillance du Père éternel à tel point qu'Il est en alliance avec elle!

L'ÉGLISE: UNE APPARTENANCE À GÉOMÉTRIE VARIABLE?

Au cours de la longue histoire de l'Église, les divisions de toutes sortes sont venues déchirer l'unité du Corps du Christ : l'Église! Le Royaume souffre violence et d'aucuns cherchent à s'en emparer. D'autres prétendent en détenir à la fois le pouvoir et le contrôle. Jésus ne dit-il pas dans son Évangile, que celui qui veut se faire le premier, qu'il se fasse le dernier et le serviteur de tous! En plus de la quête du pouvoir, il y a la quête du contrôle de la vérité. Le règne de l'uniformité est-il nécessairement le règne de l'Évangile? Aujourd'hui, les uns exercent un rôle de prophètes et d'innovateurs pour faire que la foi conserve sa pertinence dans le siècle présent tandis que d'autres veulent restaurer l'ordre ancien pensant sauver l'Église! Mais qui est objet de salut : l'humanité ou l'institution ecclésiale? Certes, il est nécessaire d'avoir certains cadres pour maintenir le projet évangélique bien vivant, mais il ne faut pas en ce cas confondre le sujet et l'objet! Les prophètes jouent un rôle primordial au sein de notre Église même si leur présence a toujours été tolérée et malmenée car ils dérangent et questionnent l'ordre établi pouvant nous faire croire illusoirement que le Royaume est établi! Le fardeau de la preuve appartient maintenant plutôt à ceux qui veulent à tout prix conserver l'ordre ancien au lieu de tout faire pour faire advenir le Royaume dans l'ordre nouveau de l'Évangile!

L'Église est sacrement de salut au sein d'une humanité porteuse d'une multitude d'ambiguïtés et l'Église partage ces ambiguïtés. Au sein de ce monde d'ambiguïtés, l'Église porte le témoignage de l'Évangile et ce témoignage demeure imparfait. En plus, les membres de l'Église vivent leur appartenance au Christ et à l'Église selon des modalités variables. Nous rêverions souvent d'une communauté ecclésiale uniforme : tous adhéreraient aux mêmes dogmes de la même façon, tous célébreraient d'une façon uniforme, tous auraient la même compréhension de la foi et de la pratique de vie chrétienne. Un tel rêve est une illusion irréaliste et non souhaitable! La diversité de la pratique de la foi assurera à l'Église sa vitalité, son cheminement à travers les cultures et les époques, son adaptation continuelle. Les différentes traditions chrétiennes ont permis à l'Évangile de marquer des cultures fort différentes. De plus, les ruptures douloureuses au cours de l'histoire de l'Église ont permis à l'Évangile de franchir des seuils pour permettre à l'Esprit de convertir son Église à son Christ et non à son propre corps!

Aujourd'hui, nous observons dans les communautés chrétiennes divers modes de participation et d'appartenance à l'Église : les uns sont au cœur de l'Église et vivent des engagements exigeants au niveau de leur foi et de leur vie spirituelle et n'hésitent pas à témoigner avec pertinence de leur foi. D'autres vivent leur pratique liturgique et éthique comme des exigences pour mériter leur salut concevant la voie chrétienne comme une religion. D'autres viennent occasionnellement ressourcer leur foi mais demeurent discrets dans la pratique de leur foi. D'autres viennent marquer par des célébrations les grandes étapes de leur vie : baptême, mariage, funérailles… D'autres fréquentent dans l'anonymat les lieux de pèlerinage afin de vivre des expériences spirituelles-relais. Et enfin, plusieurs restent au seuil de l'Église, amers, déçus ou soupçonneux. On observe donc un mode d'appartenance à géométrie variable! Faut-il s'en attrister ou en prendre acte comme un état de fait réel et même normal sur lequel nous n'avons aucune prise?

Et si la situation présente où se trouvent notre société et l'Église était une chance pour l'Évangile? Devant cette situation, les uns blâment, condamnent et méprisent ce monde qu'ils veulent évangéliser. Quelle aberration et quelle inconscience! Notre monde, avec ses ambiguïtés, ses démons et ses beautés, est objet de la bienveillance de Dieu. N'est-ce pas là le message de l'évangile de la Nativité : Paix et plénitude à l'Homme que Dieu aime! Notre monde actuel est merveilleux et tragique et c'est à ce monde que nous sommes appelés à déposer le levain de l'Évangile. Et on évangélise dans la tendresse et la bienveillance et non dans le mépris et l'arrogance. Et évangéliser, c'est engendrer dans la pratique de la vie chrétienne (peut-on engendrer autrement que dans la tendresse?) et c'est surtout et aussi laisser le monde ambiant, avec ses valeurs et sa culture, nous évangéliser ……je dirais : à rebours! Et il faut accepter que l'Évangile demeure un levain dans le Royaume et un levain agit selon son mode d'action propre mais il ne contrôle ni la fabrication du pain ni sa cuisson. Il agit sans revendiquer le contrôle. Nous avons là une belle leçon de vie : évangéliser c'est comme mettre du levain dans la pâte humaine, c'est Dieu qui donne la croissance pour notre plus grande gloire. Et notre gloire fait la gloire de Dieu! Nous sommes donc appelés courageusement à assumer la réalité de ce monde pour lui proposer le chemin du Christ. Ce chemin du Christ nous conduira au Père qui enveloppe notre monde de sa bienveillance! Nous révélons un salut où nous précède l'Autre, le Ressuscité, dans nos Galilée!

UNE ÉGLISE... POUR QUEL RÈGNE?

L'évangéliste Marc, nous présente au début de son évangile, un drame en cinq actes où le sort de Jésus semble scellé à jamais! Ce drame se joue tous les jours sur toutes les scènes du monde où se joue le drame du pouvoir. Ce drame se jouait au temps de Jésus, il se continue encore au sein de l'Église d'aujourd'hui. Marc met en scène les acteurs de ce drame d'abord : Jésus, la foule, les disciples et les tenants du pouvoir religieux de son temps.

Au premier acte, les tenants du pouvoir religieux, s'opposent à Jésus (MC 2,1-12) qui vient de remettre les péchés à un grabataire porté par quatre hommes qui n'ont rien à leur épreuve puisqu'ils ont osé défaire le toit de la maison de Simon-Pierre à Capharnaüm pour arriver à leur but! Défaire le toit de la maison de Simon-Pierre c'est poser là un geste énormément symbolique puisque cette maison annonce déjà la maison de l'Église! Les tenants du pouvoir religieux, les scribes, crient au blasphème! Serait-ce que leur Dieu, celui qu'ils tentent de contrôler, serait différent par sa pratique du pouvoir. Serait-ce que Jésus leur présente un Dieu dont le pouvoir est pour l'homme, pour sa libération!

Au deuxième acte, Marc nous présente l'appel de Lévi (2,15-17) un homme dont le métier fait de lui un pécheur officiel car il est dans une situation où il ne peut respecter la loi! Pour les tenants du pouvoir religieux ou les hommes de Dieu, c'est Dieu seul qui pardonne, mais de fait, ce Dieu ne pardonne pas vraiment, il constate et déclare les impuretés officielles. L'Homme doit donc se tenir en règle devant ce Dieu qui assoit son règne par la Loi. Devant les pécheurs, il y a aussi Jésus qui prolonge le pouvoir du Dieu réel, celui de la révélation évangélique, vers les pécheurs appelés et par-donnés, rejoints et re-créés. Jésus révèle donc un règne de Dieu tout autre : un règne de vie pour l'Homme! Fini le temps des exécutants de la Loi et fini le temps des machines à mérites! Un nouveau RÈGNE arrive : un règne pour l'Homme!

Au troisième acte, Marc nous présente Jésus annonçant par la parabole des outres, la nouvelle pratique de vie (MC 2, 18-22). Le jeûne et toutes les pratiques religieuses ne doivent plus fonctionner comme un en-soi et par souci de conformité sociale. Jésus nous propose une nouvelle pratique de vie : vivre l'alliance avec l'Époux! La pratique de vie ne vise plus le faire-valoir devant un Dieu de la rétribution mais cette pratique vise plutôt l'accueil de la venue de l'Époux! Il y a donc une rupture radicale : on ne met pas du vin nouveau dans de vieilles outres! Et c'est là le drame de l'Église d'aujourd'hui! Au lieu de vivre l'audace de la foi évangélique, elle se raidit dans des projets de restauration où on tente de maintenir un pouvoir religieux! Nous visons alors quel règne : celui d'un système sur lequel on maintient un contrôle ou celui du Royaume?

Au quatrième acte, Marc nous présente l'épisode des épis arrachés (2,23-28). Quel drame pour la religion que d'oser arracher des épis de blé pour manger le jour du sabbat! Franchir le seuil du permis et du défendu c'est secouer les piliers de la religion et c'est secouer par le fait même le pouvoir de la religion sur l'homme! À ce pouvoir desservi par les hommes du système religieux, Jésus oppose un autre pouvoir : UN POUVOIR POUR L'HOMME! En déclarant que le sabbat est pour l'homme et non pas l'inverse, Jésus affirme la nouveauté de sa pratique : faire advenir le Règne de Dieu, un règne pour l'homme, pour sa libération!

Au cinquième acte, le drame va connaître son paroxysme. Marc met en scène Jésus, dans la synagogue, le cœur même de la religion et du système, un lieu contrôlé par les tenants du pouvoir, et devant Jésus, un homme à la main paralysée : (3,1-6). La main, c'est le symbole de la dignité humaine : main du travail, main de la tendresse, main de la communion : cet homme est donc le prototype de tous les hommes paralysés dans différents enfermements. Or Jésus va le libérer un jour de sabbat et cela au cœur de la synagogue! Mais quelle audace! Audace mortifère pour Jésus mais libératrice pour cet homme. Jésus, navré par l'endurcissement de leur cœur, jette un regard de colère sur tous ses opposants nous dit la version TOB de la Bible comme ce jour-là devant les vendeurs du temple! Dans cette synagogue, se joue l'ultime scène d'un pouvoir confronté à l'autre pouvoir : celui du pouvoir révélé par Jésus, ce pouvoir pour l'homme et celui à qui tiennent les hommes de Dieu, le pouvoir sur l'homme! Marc nous dit qu'au sortir de la synagogue, le sort du prophète Jésus était scellé par l'accord des tenants du pouvoir religieux : les pharisiens et les Hérodiens tiennent conseil pour éliminer Jésus afin de pouvoir conserver leur pouvoir et les gains escomptés!

Le drame en cinq actes se termine par cette fin de non-recevoir des hommes qui tiennent à leur pouvoir au nom de Dieu dont ils se servent pour se couvrir. Accueillir le pouvoir de Dieu, l'exercer pour la libération du monde, voilà donc comment faire avancer le Règne de Dieu : et le Règne de Dieu, c'est la gloire de l'Homme! Et alors notre Église, elle travaille pour quel règne? Son règne ou le règne de Dieu qui avance quand progresse la libération de l'homme par l'avancement de ses droits?

SATAN ET L'ENFER : ON EN PARLE ENCORE?

L'autre jour, au journal télévisé, on parlait d'inondations sur le Richelieu et on a vu un homme désespéré accuser Dieu d'envoyer de tels malheurs! Comme si ce drame était voulu et planifié par un Dieu mesquin et punisseur! Cet homme oubliait par sa peine que notre monde créé jouit de sa propre autonomie et est donc ouvert aux dérèglements de toutes natures! Quand on n'accuse pas Dieu, on accuse alors son Contraire, son Satan, son opposant qui inlassablement tenterait de nous enfermer dans son anti-Royaume, dans les griffes de son empire démoniaque! Entre les extrêmes : monde de Dieu ou Ciel, et monde de Satan ou Enfer, l'homme se situerait au confluent de ces deux mondes et en subirait les influences bénéfiques ou néfastes. Nous sommes tous marqués par cette vision d'un monde déchiré en deux!

Nous avons tous dans notre esprit de ces images terrifiantes, de ces descriptions d'enfers, de démons... Ces représentations infernales visaient à maintenir dans le droit chemin toutes personnes tentées de prendre des routes de péchés et de perdition! Et d'aucuns pourraient aller jusqu' à dire que si Satan n'existe pas, à quoi sert Dieu alors? mal, donc un personnage de scènes mythiques comme dans les romans se trouvent des personnages jouant des rôles bien tranchés. Satan appartient donc au monde de la représentation mythologique!

Il existe vraiment ce Satan? Pour répondre à la question, allons voir ce qu'en dit l'apôtre Jacques : Jc 1,13-14 : « Que nul, quand il est tenté ne dise : « Ma tentation vient de Dieu », car Dieu ne peut être tenté de faire le mal et il ne tente personne. Chacun est tenté par sa propre convoitise qui l'entraine et le séduit. » Pour l'apôtre Jacques, il n'y a que deux acteurs dans cette scène : Dieu et l'homme! Satan n'est nullement nommé parce qu'il n'EXISTE PAS, il n'est pas un acteur réel qui irait à posséder l'homme! Il n'est qu'une représentation mythique du mal. Et l'apôtre Paul, dans son épitre aux Romains ne mentionne JAMAIS Satan. Paul brosse en plusieurs chapitres le drame de l'existence humaine sombrant dans les fausses gloires du péché avant d'accéder à la gloire de Dieu! Paul cite des textes de l'Ancien Testament et ose les corriger en prenant bien soin de ne jamais mentionner l'existence de Satan (c.f. :Rm 7,7-12) : pour Paul c'est l'homme habité de son désir d'autodétermination et de soi- plénitude qui rencontre l'interdit de la loi et qui exerce sa liberté dans sa recherche de gloire et de plénitude. L'homme doit faire des choix déchirants entre les fausses gloires et les vraies gloires! Écoutons encore Paul qui affirme ceci : "Par un seul homme le péché est entré dans le monde et par le péché la mort " (Rm 5,12) Il ne mentionne nullement Satan qui serait aux commandes de l'empire du mal! Nous ne sommes pas menacés par des démons et des Satan quelconques, nous sommes enfermés dans notre recherche de salut, de plénitude et séduits par les soifs de notre désir! Des soifs trompeuses et illusoires mais aussi des soifs de plénitude et de salut. À vrai dire, le péché c'est justement l'absence de salut! Devant ce drame humain qui se joue dans notre vie actuelle, Dieu se fait patience, il nous englobe de ses prévenances aimantes, Il tente de nous sortir de notre désobéissance ou errance pour nous conduire par sa Miséricorde, au partage de sa plénitude, de sa gloire! Il le fait en respectant notre liberté, notre autodétermination. Nous ne sommes pas téléguidés comme des marionnettes, mais respectés dans l'exercice de notre recherche de plénitude et de salut. Dans cette vision des choses, l'ENFER est donc un choix possible contre Dieu et son projet de salut, un état de désespérance plus qu'un lieu précis de vie! L'enfer c'est les autres aux dires de Jean-Paul Sartre? Je pense que l'enfer c'est même dans un état désespéré de non-salut, de mort spirituelle! L'enfer peut exister si Dieu respecte l'autonomie de ce monde mais cela ne veut pas dire qu'il soit bien fréquenté! L'ENGLOBANCE AMOUREUSE du Dieu de notre foi nous fera passer de la patience à la miséricorde et enfin à l'intimité de notre Dieu-Père en Jésus-Christ.

On pourrait alors se poser la question suivante : Dieu condamne-t-il? Pour Dieu est-ce qu'un châtiment et un enfer sont nécessaires pour que justice soit faite? Reprenons l'épitre aux Romains : 8,1 : « Il n'y a donc plus de condamnation pour ceux qui sont dans le Christ Jésus! » Le salut est donc présent dans le Christ. Et Paul rajoute en Rm 8,3 : « Dieu a condamné le péché dans la chair ». Dieu condamne non pas l'homme qui s'est égaré dans sa recherche de sens et de salut ou de plénitude, égaré par son désir trompé par le mirage des fausses gloires, non Dieu ne condamne pas l'homme mais l'erreur ou le péché qui le séduit aveuglément! Dieu condamne le mal, le péché en nous en libérant! Avec patience et tendresse, Dieu tente de nous engendrer graduellement à notre pleine stature d'homme sauvé, Dieu ne condamne pas l'homme mais le mal séducteur! Dieu condamne le mal mais sauve l'homme en le transformant, en le ressuscitant et en le rendant conforme à l'Image du Christ Premier-Ressuscité! Pour nous, la justice est à double versant : elle est condamnation ou elle est récompense. Pour Dieu, la justice consiste à détruire le mal en l'homme tout en le sauvant, tout en lui partageant sa plénitude. Dieu condamne le mal mais sauve la personne! Citons ici le théologien François Varone qui nous a inspiré tout au long de cette réflexion : « En Dieu, il n'y a pas justice et miséricorde : sa justice est identiquement sa miséricorde, puisqu'Il libère l'homme de son existence égarée et le ressuscite dans une existence qui est la réalisation de son désir. » (F.Varone in *Ce Dieu juge qui nous attend,* p.99*)*

L'ÉVANGILE PAR-DESSUS LE MARCHÉ!

Par les temps qui courent, les lois du Marché font implacablement feu de tout bois. La vie humaine devient marchandise et doit obéir aux lois du marché. Notre monde s'est amputé de toute vision de transcendance et les absolus apparaissent de plus en plus minces. C'est le règne de l'individu, de ses besoins. Le monde est appelé à répondre à ses besoins et il lui présente désormais un supermarché où chacun peut trouver ce qui lui convient et comme cela lui convient. À chacun ses valeurs et sa vérité comme d'aucuns l'affirment déjà! Dans cette vision du monde, les valeurs de communauté, de nation, de groupe apparaissent appartenir à un autre âge. Après que la religion ait suscité l'enthousiasme du plus grand nombre, voilà que les valeurs nationalistes ont pris la relève et subissent maintenant chez nous le même abandon. Aujourd'hui, les gens ne veulent plus être corsetés dans un système quelconque où tout est contrôlé et tout est cause d'exclusion en cas d'abandon. C'est le règne de la libération individuelle et l'individu devient donc livré pleinement aux règles du Marché. Marché avec une majuscule puisqu'il devient le dieu des temps nouveaux! Comme le dit Jean-Pierre Denis dans son livre intitulé *POURQUOI LE CHRISTIANISME FAIT SCANDALE,* la logique marchande régit tous les rapports sociaux. Par exemple, les entreprises funéraires prennent en charge toutes les étapes du deuil et laissent la personne tout à fait dépendante de leurs services à la carte. Les étapes de la vie sont objets des règles de marché. Après les secousses vécues en mai 1968, on a remis toutes les valeurs en question, les engagements de vie, les rapports hommes-femmes, la place de la religion, les liens intrafamiliaux…La seule réalité qui est demeurée immuable est l'argent qui impose sa logique des affaires!

C'est dans ce monde réel que désormais nous nous trouvons en train d'évoluer et dans lequel on doit tirer son épingle du jeu. Bien connaitre les règles de ce monde nous évitera beaucoup de naïvetés! Ce monde est déjà entré dans un processus de salut, de recréation car ce mouvement inauguré dans l'événement pascal se prolonge encore dans notre modernité. L'Évangile doit encore apporter son sel ou son levain par-dessus le marché. Tout un défi! La nouvelle évangélisation tentera donc de découvrir au sein de ce monde livré aux règles du marché, les valeurs latentes de salut. Si la nouvelle évangélisation est vue comme une tentative de reconquérir le monde au lieu de le servir, c'est là une entreprise lamentablement vouée à l'échec. Évangéliser ce n'est pas faire en sorte que les choses redeviennent comme avant, mais c'est révéler dans la nouveauté du monde, des éléments du Royaume! Quel beau défi en effet à réaliser. Ce nouvel homme de la postmodernité n'entend pas se faire dicter par quiconque ses comportements, ses engagements et ses valeurs! Il est autonome, il n'est ni conservateur ni progressiste, il est le troisième homme selon le mot de Jean-Pierre Denis. L'homme nouveau, l'homme du 21e siècle est libre, il a l'esprit pragmatique et scientifique, mais il est cependant aux prises avec les mêmes questionnements sur la vie, la précarité humaine, l'amour et la mort. Devant l'homme et sa modernité, l'Église doit impérieusement sortir de ses clivages idéologiques, de ses revendications de pouvoir et de contrôles et définitivement apporter sa richesse spirituelle sans chercher le contrôle de la situation! Comme dit Jean-Pierre Denis, l'Église doit sortir de la logique de la défense d'un pouvoir qui a été perdu pour toujours. Que l'Église cesse une fois pour toutes de défendre le passé, car la mission l'attend! Toute tentative de restauration illustre notre manque de foi en l'action de l'Esprit qui sans cesse renouvelle la face de ce monde.

Devant ce monde régi par les lois du Marché, certaines valeurs chrétiennes apparaitront comme porteuses d'évangile. Certaines valeurs viendront faire contre poids aux valeurs fortes qui régissent le marché. Voici donc des valeurs qui feraient contre poids à ces valeurs fortes : le partage, le soin du petit et du fragile, le respect de la personne à toutes les étapes de sa vie, la valeur de la chasteté en regard d'une société qui marchande les appétits sexuels, la place accordée aux valeurs de la spiritualité, le don de soi et l'engagement dans le bénévolat, la place accordée aux personnes handicapées ou malades… Ces valeurs hautement évangéliques viendront contester l'hégémonie du Marché. La promotion de ces valeurs rendra possibles les réalisations du Royaume au sein de ce nouveau monde.

Au sein de notre monde actuel, les chrétiens apparaissent désormais comme des marginaux. Nous nous sommes dépouillés de tout fantasme de puissance et d'autorité. Nous devrons vivre plus humblement, sans arrogance, tout simplement en proposant nos valeurs propres, en proposant notre espérance, en rappelant notre vision du monde et de l'Histoire porteuse du salut inauguré dans l'événement pascal. Au lieu de pleurer sur les gloires passées comme jadis le faisaient à Babylone, les déportés de Jérusalem, anticipons la nouvelle évangélisation avec audace et enthousiasme! En évitant certains pièges comme la fuite de ce monde en se réfugiant dans des tours d'ivoire avec notre vérité, nous nous ouvrirons à ce monde nouveau en y apportant notre spécificité, notre différence.

Notre spécificité sera celle d'être des contestataires en rappelant que par-dessus le Marché, il y a la vie, l'amour, les valeurs transcendantales et philosophiques, les valeurs de don de soi, des valeurs porteuses de salut!

Les premiers chrétiens étaient perçus comme subversifs au sein de la Rome antique parce qu'ils apportaient à ce monde de puissance, de classes dominantes et d'esclaves, à ce monde régi par les règles de puissance impériale, des contre-valeurs : le soin de l'esclave, l'égalité entre les personnes et leurs droits…Deux mille ans plus tard, l'Église doit quitter les rangs des puissants et redevenir une communauté de frères et de sœurs égaux engagés dans la promotion des valeurs de l'Évangile. La nouvelle évangélisation se fera donc en deux temps : en premier lieu, l'Église sera appelée à quitter tout comportement incompatible avec la simplicité de vie évangélique (v.g. : les titres pompeux, les vêtements fastueux, les résidences somptueuses…) et en deuxième lieu, après s'être elle-même évangélisée, l'Église fera la promotion des valeurs du Royaume, des Béatitudes. La nouvelle évangélisation sera le chantier de ce siècle pour l'Église. Elle a du pain sur la planche car au lieu de se soucier du déclin de sa prépondérance, elle annoncera que le Ressuscité fait œuvre de salut et de recréation.

Après avoir voulu sortir la religion de la religion, après avoir eu la tentation de la trafiquer à la carte, après lui avoir fait un procès parfois acerbe, les catholiques deviendront matures, redéfinis comme chrétiens, et enfin plus engagés dans la promotion de leur spécificité spirituelle. L'avenir de la foi retrouvée et renouvelée est donc possible audacieusement seulement en évitant les pièges de l'enfermement et de la suffisance.

N.B. : Jean-Pierre Denis est directeur du magazine français LAVIE et LA VIE.Fr

PASSER DU TEMPLE À LA ... MAISON!

L'aventure de l'Église a commencé autour d'une table lors d'un repas d'adieu. Dans les premiers temps de l'Église, les chrétiens continuaient à fréquenter le Temple tout en se réunissant en communauté pour partager la parole et l'enseignement des Apôtres, pour rompre le pain et pourvoir aux besoins des membres de la communauté (Act. 2,42-47) Il a fallu la mise à la porte des synagogues vers le milieu du Ier siècle (c.f. la déclaration de Jamnia), pour que les chrétiens découvrent une nouvelle façon de vivre leur foi. En effet, sortir du temple, c'est sortir de la religion organisée pour vivre la nouveauté de l'Évangile. Un immense défi et une grande insécurité et une période trouble ont résulté de cette sortie de la synagogue comme en fait foi l'épitre aux Galates. La longue période des persécutions va permettre aux premiers chrétiens de vivre autour de la table et au cœur de communautés plus restreintes : la maison-Église.

Quand vint la fin des persécutions et la reconnaissance de l'Église, au temps de Constantin, les chrétiens sont retournés alors au temple. Vivre dans le Temple, c'est vivre dans un monde organisé, hiérarchisé. Alors on est en mesure de savoir qui est des nôtres et qui ne l'est pas : on peut accueillir ou excommunier selon des dogmes clairement établis, on peut donc exercer un contrôle sur les modes d'appartenance des membres de l'Église. Une société organisée se donne forcément des règles, des codes, elle se donne des temples, des liturgies bien structurées, elle définit avec minutie les différents ministères qui ont pour but l'encadrement des fidèles. Les ministres sont envoyés par l'institution aux communautés qui les reçoivent d'en-haut. Toute la vie de l'Église est concentrée vers la tête de l'institution. On parle davantage de sacerdoce et le langage utilisé en Église devient naturellement un langage religieux. Le christianisme devient donc une religion comme les autres : une institution qui devient une création humaine. Écoutons donc Pierre selon 1 Pi. 5,2-4 : « Soyez les bergers du troupeau de Dieu qui vous est confié : veillez sur lui, non par contrainte mais de bon cœur, comme Dieu le veut; non par une misérable cupidité mais par dévouement; non en commandant en maitres à ceux dont vous avez reçu la charge mais en devenant les modèles du troupeau... » Pour Pierre, le ministère en est un de service et non de contrainte. Vivre un christianisme au sein du Temple, c'est bien confortable mais est-ce là son véritable avenir? On peut donc être en mesure de sa poser la question!

Passer du temple à la maison, c'est quitter l'institution pour vivre la communion! Ce qui importe davantage c'est la vie de la communauté, les services à lui apporter pour qu'elle se développe et atteigne sa pleine stature. Passer du temple à la maison, c'est favoriser la célébration de la vie au ras de sol. C'est aménager la liturgie pour favoriser la croissance de la communauté. Passer du temple à la maison, c'est mettre l'accent davantage sur l'expérimentation de la vie évangélique plutôt sur la systématisation dogmatique de la foi. Passer du temple à la maison, c'est quitter les codes de la religion organisée pour favoriser davantage la foi évangélique. Passer du temple à la maison, c'est pratiquer davantage l'inclusion que l'exclusion des personnes qui cheminent dans la foi. À la maison, on parle davantage de service presbytéral que de service sacerdotal : la liturgie n'est pas d'abord cultuelle mais conviviale. L'accent est mis davantage sur le partage de la parole et de l'expérience de la foi que sur le contrôle de l'expression de la foi.

Passer du temple à la maison : voilà le grand défi qui attend l'Église d'ici et de maintenant. La vie dans le temple, avec ses pompes et ses œuvres, devient de plus en plus problématique devant le vieillissement des personnes assidues. La raréfaction des effectifs "sacerdotaux" ne serait-il pas un signe par lequel nous parlerait l'Esprit? Tandis qu'on accueille des prêtres envoyés par des Églises sœurs, nous retardons notre inévitable passage du temple à la maison, à la communauté qui elle devrait être en mesure de confier sa gouverne spirituelle à des personnes à qui elle confierait des mandats, à des personnes issues d'elle-même. C'est là que nous sommes appelés : passer du temple à la ... maison! Alors que l'urgence apparait de plus en plus pour faire des passages vers la maison, vers la vie ecclésiale davantage commotionnelle, à la "KOINONIA" comme on dit en grec, d'aucuns se font plus nostalgiques non pas des oignons d'Égypte comme au temps de Moïse mais des liturgies tridentines. Quelle fuite du monde! Il est vrai qu'il est plus rassurant de vivre sous les arcades du temple que de vivre la marche du désert, l'expérimentation de la vie évangélique en communauté réelle. Ces passages du temple vers la maison assureront cependant un avenir à notre Église.

L'ICÔNE: RENDRE VISIBLE L'INVISIBLE…

Mon premier contact avec l'icône est arrivé alors que j'étais adolescent encore. Un peintre russe est venu chez nous pour un contrat de peinture. C'est lui qui m'avait apporté des reproductions d'icônes et ce fut mon premier coup de cœur pour cet art. Dans l'Histoire, l'art de l'icône n'a pas forcément surgi de rien; cet art est le résultat d'influences proche-orientales et hellénistiques. Dans le judaïsme, toute représentation de Dieu était absolument interdite : v.g. Ex. 20,4. Mais cependant il y avait certaines représentations visuelles : le serpent de bronze ou encore des chérubins étaient représentés autour de l'arche dans le Temple. On craignait surtout que des tentations d'idolâtrie ne surgissent dans le peuple comme en fait foi l'épisode du veau d'or. Au VIe siècle, on a découvert dans la synagogue de Beit Alpha des mosaïques représentant l'arche, le sacrifice d'Isaac, Moïse, Élie, Daniel etc…

Chez les Grecs, l'image gardait un caractère mystérieux : on vénérait certaines images et représentation divines par des ablutions et des onctions. On présentait des fleurs et des repas aux divinités ainsi représentées. Mais cependant les philosophes voyaient dans ce culte, un danger pour le caractère spirituel du divin. Il semble bien improbable que les nombreuses et diverses images païennes n'aient eu aucune influence sur l'art protochrétien. Chez les Romains, l'art joue un rôle important et l'image est au centre de cet art influencé par l'orient et le monde grec. C'est l'empereur Caligula qui sera le premier empereur à être divinisé et représenté en image. Les représentations de l'empereur devraient actualiser sa présence, comme si l'empereur en personne se trouvait là à la cour. Cette représentation efficace du portrait de l'empereur se transformera pour acquérir une nouvelle sacralisation pour les images chrétiennes.

Chez les premiers chrétiens, on se sert de l'imagerie païenne pour dire sa foi par l'image en la transposant dans la foi chrétienne : le philosophe devient alors le Christ, l'apôtre ou le prophète, les scènes d'apothéose inspireront les scènes d'Ascension ou de transfiguration et les scènes pastorales inspireront les représentations du Bon Pasteur. Après Constantin, au début du IVe s. les images de la cour impériale inspireront les intronisations du Christ et de la Vierge, les scènes d'adoration des Mages, l'entrée triomphale à Jérusalem. L'art se développera également dans les catacombes, au temps des persécutions. Les symboles païens seront repris en leur donnant un sens chrétien : les représentations des saisons deviendront des symboles de résurrection, les palmiers ou les colombes et le paon évoqueront le ciel, le navire représentera l'Église et les représentations d'Hermès inspireront les représentations du Bon Pasteur. On s'inspirera des thèmes vétérotestamentaires : v.g. Adam et Ève, Daniel dans la fosse aux lions, Jonas etc… Des symboles purement chrétiens apparaitrons également comme les pains multipliés, l'adoration des mages, la résurrection de Lazare, la vigne et aussi le poisson bien sûr !

Dans l'Église de l'ère constantinienne, on représentera le Christ siégeant sur un trône entouré de ses Apôtres et des saints. À Constantinople, naîtra l'art byzantin à la confluence de l'art orientale et hellénistique. Cette influence marquante s'étendra sur deux siècles : à titre d'exemple les icônes de la Vierge portant le voile descendu aux genoux sont influencées par l'art oriental. L'art sacré répond essentiellement à un besoin de représenter les vérités de la foi dans un but catéchétique et devient un reflet de la prière de l'Église. À la suite d'un songe, Constantin fera dessiner le signe de la croix sur son étendard comme un symbole efficace : par ce signe tu vaincras! C'est à la suite de Constantin que le concept du symbole efficace fera son chemin. Le concept du symbole efficace devient tellement présent dans l'art iconographique! Au VIe s., des Pères de l'Église feront des mises en garde devant les risques d'idolâtrie : nommons Tertullien, Clément d'Alexandrie, Lactance ... tandis que d'autres Pères de l'Église appuieront l'art iconographique : Jean Chrysostome, Grégoire de Nysse, Cyrille d'Alexandrie et Basile.

Au VIIe s., la crise iconoclaste va éclater et durera presque trois siècles avec des périodes parfois plus critiques, déchirant l'Église d'Orient et d'Occident, ayant les incidences politique et causant des tensions entre les empereurs de Byzance et la papauté et le tout aboutira dans le grand schisme d'Orient en 1054. C'est Sérénus, évêque de Marseille, qui sera le premier à faire détruire les icônes de L'Église locale encourant la réprobation du pape Grégoire Le Grand qui reconnaissait le rôle didactique des icônes.

L'icône joue donc un rôle essentiel dans l'expression de la foi et dans la liturgie également. Elle est PRÉSENCE EFFICACE et image de l'invisible. Elle porte une dimension transcendantale car elle évoque le monde du divin et le rend présent. Elle est le lien entre le représenté et le spectateur; elle est le lieu de la présence d'où son rôle essentiel en liturgie. Défendre l'icône c'est défendre la foi. Tandis qu'on vénère les icônes de la Vierge et des saints, on adore celle du Christ, elles deviennent présence de l'incarné. En 325, le concile de Nicée confirme que par le Christ incarné, icône parfaite du Père, nous contemplons la gloire divine puisque par le Christ, le Fils, nous avons accès direct au Père. Pour promouvoir la foi au Christ consubstantiel au Père, les icônes du Pantocrator se multiplieront au sein des Églises.

L'art de l'icône est complexe et obéit à des traditions, à des codes, à des symboles. Ainsi l'icône n'est pas une image traditionnelle, ne représentant qu'un plan du signifié. Au contraire, l'icône est hautement catéchétique et théologique par la symbolique des couleurs, des codes. L'icône est dite hiératique, il faut la voir du dedans, car elle n'est pas plastique voire superficielle mais transcendantale. L'icône révèle la présence, elle est communion avec le représenté. En regardant l'icône, le mystère montré coule en nous. Devant l'icône, nous sommes devant quelqu'un qui est Résurrection, Transfiguration. L'icône porte donc la Parole et rend le mystère agissant en nous et nous sommes en relation avec le divin. L'icône nous apprend à voir l'invisible et nous apporte alors la paix, la joie et une grande tendresse. En face de l'icône, nous sommes devant un Visage qui nous parle et nous interpelle. L'icône porte toujours le nom du représenté, on dit alors que toute icône est nommée!

L'icône obéit à une kyrielle de codes et de techniques. Les couleurs sont porteuses de code et de sens; le blanc est réservé au divin, le bleu évoque le mystère, le rouge évoque la puissance et la royauté etc…

La première fonction de l'icône est celle de la représentation efficace de la foi et du mystère. L'icône soutient aussi la prière. Devant l'icône du Christ, je regarde et je me laisse regarder et aimer par lui, j'accepte sa présence et sa Parole, je refais ma confiance en Lui, je me décharge de mes soucis et de mes peines, car Lui est venu non pas pour juger le monde mais pour que par Lui, le monde ait la vie en abondance.

En terminant, je souhaiterais tant que nous ayons de plus en plus de belles icônes dans nos lieux de prière, nos églises. Elles nous apporteront la présence et la plénitude du Représenté, le Christ, lui le premier-né d'une multitude de transfigurés. L'icône est image et annonce de cette transfiguration espérée et attendue dans la foi.

L'ÉGLISE: ENTRE LE CARMEL ET L'HOREB!

Notre Église vit continuellement une tension entre le Carmel et l'Horeb. Cette même tension se manifeste également tout au cours de l'Ancien Testament entre les tenants ou les gérants du système religieux et les prophètes. Au temps de Jésus, cette même tension s'est exacerbée entre les grand-prêtres du Temple et le prophète Jésus. Pratiquer l'idéologie du Carmel, c'est faire comme Élie, se servir de la religion pour menacer, condamner et contrôler au nom de ce Dieu présenté comme le plus fort. Au nom de ce Dieu de force, Élie lance le défi aux serviteurs des Baals et devant leur échec, il n'hésite pas à demander leur mort. Ce prophète Élie avait vécu pourtant un temps de précarité chez la veuve de Sarepta, il aurait dû découvrir tout le drame de la fragilité humaine (cf. 1 Roi 17,17-24) et découvrir alors un Dieu tout autre. Cette révélation du Dieu tout autre lui sera possible à l'Horeb, il y découvrira la présence discrète du Dieu Souffle ténu qui refuse tout système de domination érigé en son nom. Et encore aujourd'hui, nous sommes en tension comme Église entre ces dérives opposées : celle du Carmel et celle de l'Horeb et entre temps, nous vivons heureusement un épisode que je qualifierais de Sarepta, épousant les espoirs et les angoisses de ce monde.

Quitter le Carmel pour vivre pleinement la révélation de l'Horeb, c'est accepter de quitter les gloires et les prestiges du Temple et de son système de pouvoir pour devenir ce Reste, ce petit troupeau qui refuse tout pouvoir de domination, pour révéler une pratique autre, la pratique prophétique de Jésus. La pratique du Temple c'est celle d'une puissante structure religieuse entre les mains d'une caste sacerdotale, organisant à sa gloire et au nom du Dieu du sacrifice compensatoire, l'asservissement ou la condamnation. La pratique de Jésus et de ses disciples consiste à révéler à ce monde de ce temps actuel le Dieu tout autre, le Dieu du salut octroyé par pure grâce par la miséricorde divine, refusant ainsi toute condamnation et tout pouvoir de domination. Après avoir quitté le Carmel pour l'Horeb, il faut quitter le Temple pour le Reste devenant ainsi ce troupeau qui accepte de quitter tous les Baals en devenant les témoins de ce Dieu différent, de ce Dieu du Souffle ténu. Ce combat et cette tension entre le monde des Baals et le monde révélé par l'Évangile se sont manifestés depuis toujours. C'est ce que nous voyons encore aujourd'hui dans cette tension entre les traditionnalistes et les conciliaires. Notre Église doit donc accepter de prendre résolument le chemin de l'Horeb, en acceptant d'être non pas celle qui protège et assure la diffusion d'une idéologie religieuse au service d'un pouvoir, mais celle qui porte en elle la mission de révéler une pratique et un salut par pure grâce et non pas compensation méritoire. La tension est vive en Église entre les tenants du Temple et les prophètes qui endossent pleinement la pratique évangélique. Cette tension actuelle se concrétise par un comportement de purs et de durs chez certains intégristes ou encore par une déception violente et des départs et des claquements de porte et aussi par un comportement souffrant chez les autres engagés dans la pratique de l'Horeb. Et pendant ce temps, les premiers responsables d'Église soufflent le chaud et le froid, allant de tentatives de raidissements à des tentatives de compromis envers les plus prophétiques.

Les tenants des systèmes religieux ont toujours prétendu être en mesure d'amener le peuple à obéir par la pratique de la loi et des liturgies afin de pouvoir influer sur Dieu dans le but d'obtenir le salut par droits acquis, signes de satisfaction. Jésus et ses disciples pratiquent une médiation inverse : dans la foi, ils ont reçu la révélation d'un Dieu tout autre, celui de la miséricorde et ils acceptent de le révéler à ce monde. Leur action part de leur intimité avec ce Dieu autre pour toucher ce monde et lui présenter des propositions de salut. Leur action prophétique et révélatrice est descendante pour ainsi dire. L'objet de leur pratique est le salut de ce monde et non pas l'action sur Dieu! On le voit, la satisfaction est le moteur de la machine religieuse. La révélation est le mobile de toute pratique évangélique. Et les gens d'ici et de ce temps présent délaissent ces rites religieux, cette distraction religieuse en se sécularisant et en continuant des pratiques inspirées de l'Évangile mais affranchies de toutes allégeances ecclésiales. Cette tension entre le Temple et le Reste se manifeste encore dans la vision de la célébration eucharistique. Pour les uns, les prêtres ont le pouvoir de satisfaire aux exigences menaçantes de Dieu en renouvelant constamment pour le peuple pécheur la grande immolation expiatoire car c'est l'expiation qui apaise ce Dieu jamais satisfait. Plus on immole sacramentellement, plus on est en mesure d'en obtenir les retombées bienfaisantes de ce Dieu qui aime les sacrifices et ainsi on justifie une caste en accréditant une théologie des ministères devant gérer une structure religieuse maintenue par la culpabilité et la peur. Une autre pratique eucharistique est possible, c'est celle de la foi centrée sur le sacrifice de Jésus, sur sa pratique de vie donnée jusqu'à la mort et révélée comme chemin de salut dans l'événement de la résurrection. Célébrer l'eucharistie pour relire dans la mémoire des gestes du Christ notre propre pratique de vie évangélique, s'y conformer et endosser pleinement sa pratique par un compagnonnage intime avec le Christ en rompant son pain et en communiant à sa vie, à son sang versé en signe de salut et de rémission de tout péché. Le sacrement de la vie donnée révèle un salut déjà acquis par pure grâce. De sorte que l'Eucharistie devient le sacrement du salut parce que la rémission du péché, de cette absence de moyen de salut, est déjà opérée par ce Dieu de la miséricorde. La célébration eucharistique est donc le repas du Seigneur rassemblant toutes ces personnes qui refusent tous ces pouvoirs baaliques pour endosser la pratique de la vie donnée du Christ et célébrer une vie déjà en voie de résurrection, de relèvement et de vie éternelle. Communier au Christ afin de mieux communier au monde par une pratique de vie révélant un Royaume autre dans la Sarepta de ce temps. « Le sacrifice n'y est pas une immolation que le sacerdoce présente à Dieu, mais la révélation que Dieu fait sans cesse aux croyants, leur envoyant toujours, dans le mystère de la célébration, l'initiateur de leur salut (He 2,11c), le premier-né de la multitude (Rm 8,29) pour qu'ils ne cessent jamais d'engager leur vie dans la voie ainsi constamment révélée comme ouverte *sur la résurrection.* » (F. Varone, in *Ce Dieu censé aimer la souffrance,* p. 238)

En terminant, nous le voyons bien maintenant, notre Église doit quitter toutes ces dérives du Carmel pour endosser la pratique évangélique de Jésus. Au lieu de se centrer sur son système, elle doit favoriser l'émergence des communautés restreintes, de ces Restes, où il sera possible de célébrer le Repas du Seigneur comme un relais de ressourcement à la Parole et au Pain pour consolider notre compagnonnage avec le Christ afin de continuer audacieusement sa pratique du Royaume. Fini le temps de la quête d'une emprise totale comme Église, finie la peur de la sécularisation ou la peur des autres systèmes religieux pour endosser pleinement une pratique de vie révélant un Dieu tout autre, celui de l'Horeb, celui du Souffle ténu de la Miséricorde et du Salut par pure grâce.

NI RELATIVISME NI ABSOLUTISME: POUR UN CHRISTIANISME D'ICI

Il y a urgence maintenant de reformuler notre foi chrétienne pour favoriser un christianisme propre à la culture et au contexte de ce siècle-ci. On accuse souvent notre Église québécoise d'être mi-figue mi-raisin, en présentant un christianisme relativiste au plan éthique et doctrinal, favorisant un humanisme gentil et vidé de son sel évangélique. Est-ce si vrai que cela? Au contraire, notre Église serait-elle devenue un chantier d'Église postconciliaire, établissant les structures d'un christianisme culturellement ajusté à son terreau humain? En vérité, notre Église serait-elle à la croisée des chemins du relativisme éthique, spirituel, philosophique et de l'absolutisme dont font preuve certains dirigeants de l'Église quand ils se prétendent les propriétaires de la foi et les possesseurs de l'appareil ecclésial? Notre Église serait-elle l'Église d'une seule théologie, néoscolastique pour ne pas la nommer! Notre Église pourrait-elle être une Église ouverte à une pensée théologique plurielle. Sa christologie pourrait-elle devenir une théologie du Ressuscité parcourant les Galilée de notre monde actuel et non pas seulement une christologie dite ¨d'en-haut¨, répétant les dogmes élaborés en milieu grec et latin des premiers siècles de l'Église, une christologie élaborée lors des conciles de Nicée et Chalcédoine et alii.

Notre Église québécoise tablait beaucoup sur le travail collégial de ses évêques. Ce projet de collégialité a été mis à rude épreuve par l'archevêque devenu préfet de la Congrégation des Évêques du fait de ses engagements à contre-courant dans des dossiers tels que le cours ECR et la question (civile?) du mariage gay. Notre Église d'ici se veut inclusive et tout en développant une pastorale conjugale fort pertinente depuis ces dernières trente années, elle tente de se faire accueillante aux personnes quelle que soit leur orientation amoureuse et sexuelle. Pourquoi tant insister sur la différence sexuelle? Pour éviter tout relativisme éthique mais aussi pour justifier et intensifier le rejet, l'ostracisme des personnes qui vivent des engagements amoureux plus minoritaires? Qu'est-ce qui est le plus évangélique en fin de compte? Est-il possible que le discernement de ce que dit l'Esprit aux Églises soit garanti par le consensus ecclésial plutôt que par la prétention d'un seul?

Il y a en effet urgence de développer une pratique ecclésiale, une pratique de vie chrétienne qui soit propre à la culture d'ici et pour ce siècle d'ici. Une façon inédite de traduire les traces du Ressuscité dans le terreau humain de ce temps et de ce lieu. Comme Église, nous sommes appelés à aimer ce monde déjà sauvé. Sauvé de toute non-signifiance puisque voué à la plénitude, à l'achèvement dont parle l'apôtre Paul. Et notre monde est une terre de Galilée où nous trouvons le Ressuscité en plein travail de résurrection, de transformation spirituelle de ce monde. Y croyons-nous vraiment? Le Ressuscité travaille aujourd'hui dans les paramètres contemporains comme jadis il travaillait dans la société gréco-romaine au temps des Pères de l'Église. Comme Église, nous révélons le règne de Dieu qui s'établit dans ce monde aimé de Dieu et qui est le siège de son projet d'alliance et de salut voire de plénitude.

Engendrer dans la foi, c'est avant tout engendrer dans l'amour sinon, il ne saurait exister d'évangélisation. Évangéliser, ce ne n'est pas plaquer la Parole sur le réel de la vie mais révéler la Parole qui nomme en des mots de salut, le réel de la vie.

Dans ce monde d'ici et d'aujourd'hui, nous sommes appelés à développer une pratique de vie, une réflexion éthique, philosophique et théologique qui soit marquée du sceau de la foi évangélique. Il ne s'agit pas de poser un vernis d'Évangile sur des systèmes philosophiques, théologiques néoscolastiques ni de projeter sur notre réalité contemporaine des modèles, des paradigmes d'un autre âge, mais de structurer une théologie, une spiritualité, une pratique de vie chrétienne propre à nos valeurs contemporaines.

Il y a urgence à réconcilier notre Église avec notre monde d'aujourd'hui si fier de ses valeurs et de sa pensée scientifique et pragmatique. Si, à l'époque scolastique, la philosophie était la servante de la théologie, la science pourrait très bien devenir la servante de la théologie lui apportant toute information capable de la libérer de ses illusions. C'est ce monde réel qui est objet de la bienveillance du Père, ce Père qui prodigue à ce monde son salut et sa plénitude sans se laisser piéger par des préjugés d'un autre âge. Et dans ce monde qui espère de toutes ses entrailles la Parole de salut et de plénitude, il faut apporter des réponses déverrouillées concernant les problématiques éthiques (fécondations in vitro, régulation chimique de la fécondité,), les problématiques ministérielles au sein de l'Église (célibat, ministères féminins,), les problématiques magistérielles (collégialité épiscopale, infaillibilité…). Notre Église doit déverrouiller la parole, remiser ses méthodes et ses menaces inquisitoriales, elle doit cesser de contrôler l'Esprit qui parle à l'Église. CE n'est pas l'Église qui parle à l'Esprit pour le contrôler et endiguer son souffle de Pentecôte! L'Église doit quitter toutes tentations d'absolutisme dans sa gouverne, dans son magistère, dans sa pastorale, dans sa pratique de la vérité dont elle n'est pas la propriétaire. Notre Église doit redécouvrir les charismes des Églises sœurs et s'en émerveiller, elle doit se réjouir de l'avancement des droits humains comme étant des signes de l'avancement du Royaume, elle doit aussi accepter de se faire évangéliser par ce monde en alliance avec Dieu (évangélisation à rebours!) Ces propositions seraient-elles relativistes ou prophétiques? Et devant le projet illusoire de la RESTAURATION antéconciliaire en cours menée par les instances du gouvernement de l'Église universelle, les chrétiens doivent entrer en RÉSISTANCE courageusement comme des François d'Assise et des Catherine de Sienne à leur époque ou bien il y aura une vague de démobilisation et de démission sans précédent dont nous en voyons déjà les signes avant-coureurs. Que devons-nous faire? Résister avant qu'il ne soit trop tard! Résister dans la FIDÉLITÉ à l'Évangile, au Christ et à sa pratique de vie prophétique. FIDÉLITÉ à ce que l'Esprit dit aux Églises. La réponse est en toi. La réponse est en nous. Ni relativisme….ni absolutisme

QUAND LA RELIGION SE FAIT PRÉTEXTE!

Les médias nous rapportent assez souvent des situations très questionnables au plan religieux qui se produisent dans notre grand pays. J'en citerai quelques-unes : le refus de transfusions sanguines pouvant sauver la vie de personnes en danger de mort, le crime pour des raisons familiales ou religieuses qu'on veut faire passer pour des crimes d'honneur. Ou encore, le droit allégué à la polygamie sous prétexte de justification religieuse, le port du voile intégral sous des prétextes religieux …. Présentement devant la Cour Suprême de la Colombie Britannique se déroule un procès pour prouver que la Charte des droits et libertés qui garantit la liberté de religion, a préséance sur l'article 293 du Code criminel interdisant la pratique de la polygamie. Cette cause se retrouvera vraisemblablement devant la Cour Suprême du Canada et elle est capitale en terme de précédents possibles. Si la Charte des droits et libertés a préséance sur le code criminel, cette interprétation ouvrira la porte à toutes revendications inimaginables. Et cela est inquiétant au plus haut point!

Admettre qu'il puisse exister des crimes d'honneur, c'est admettre que nos lois puissent être contestées par des pratiques culturelles ou religieuses contraires aux principes démocratiques de nos sociétés de droit. Admettre que des pratiques religieuses aient préséance sur la pratique de nos droits démocratiques m'apparait inadmissible au sein de notre régime démocratique, et surtout, contraire à la culture égalitaire de nos sociétés occidentales de souche et de culture européenne. On ne peut accepter que dans notre société canadienne, des citoyens aient moins de droits que d'autres sous des prétextes religieux. Nier pour des motifs supposément religieux des droits d'égalité et de dignité pour les femmes est un acte inadmissible car il nie un des piliers de notre droit : l'égalité de toute personne. Polygamie, port du voile intégral, crime d'honneur, refus de soins … autant de questions où des accommodements ne seront jamais possibles sans nier le fait que la Charte des droits et libertés doit s'appliquer intégralement pour quiconque habite notre pays.

Alléguer que des droits dits religieux aient préséance sur les droits humains tels que définis par notre Charte des droits et libertés m'apparait à moi, pasteur et théologien de foi catholique, tout à fait injustifiable. De plus, si une pratique alléguée comme religieuse viendrait à nier des droits humains, eh bien ce fait me conforterait dans l'idée qu'une telle pratique religieuse qu'elle soit chrétienne, juive, bouddhiste ou musulmane ou autre devrait être INTERDITE chez-nous parce que contraire à notre droit et à notre culture. D'ailleurs, plusieurs pratiques attribuées à des doctrines religieuses, ne sont en définitive que des pratiques culturelles recouvertes d'un vernis religieux pour mieux les faire adopter et ces pratiques culturelles dites religieuses ont davantage pour but de maintenir une cohésion familiale ou communautaire que de promouvoir la pureté dogmatique de telle religion.

D'ailleurs, il faut bien l'admettre, notre propre pratique religieuse n'a pas toujours été à l'abri de pratiques remettant en cause les droits humains dans notre passé : v .g. comment en sommes-nous venus à accepter l'esclavage, l'existence des tribunaux d'Inquisition, le droit refusé aux femmes de voter…Après avoir fait nos MEA CULPA et après avoir ajusté notre pratique de vie chrétienne à la pratique des droits de la personne, nous serons en mesure de mieux accompagner les nouveaux arrivants qui n'ont pas connu notre cheminement des dernières décennies afin les conduire à une pratique de vie de foi qui soit conforme à la charte des droits et libertés, la règle d'or de notre société démocratique.

Quand nous aurons réalisé que plusieurs immigrants nous arrivant de pays totalitaires n'ont aucune notion de vie en démocratie, nous devrons donc parrainer ces personnes dans la confiance et le respect mutuel pour les amener à adopter des comportements qui soient compatibles à notre pratique de vie démocratique et la pratique de leur foi sera davantage ajustée à la culture ambiante de leur société d'adoption. Au contraire, si nous nous cabrons dans une pratique d'intolérance, nous ferons surgir ici et là comme en France des ghettos comme il en existe actuellement en banlieue nord de Montréal ou à Toronto ou ailleurs encore au pays.

Notre pays est une terre d'adoption depuis toujours et il doit à la fois maintenir à tout prix la préséance de son droit sur toutes pratiques culturelles prétendument religieuses qui seraient contraires aux principes mêmes de notre société de droit. Et comme cela se fait actuellement en Allemagne auprès des communautés kurdes et turques, pourquoi ne pas parrainer des groupes d'immigrants dans la découverte et la pratique des principes de vie propres à notre droit et à notre culture.

Comme terre et société d'accueil, il nous incombe de faire prévaloir nos principes de vie démocratique tout en étant tolérant face aux lenteurs de certains immigrants à quitter les vieux ferments culturels pour adopter les nôtres. Misons surtout sur les générations issues des immigrants pour réaliser l'intégration souhaitée. En terminant, rappelons que tolérance ne veut pas dire LAISSER FAIRE!

DEMAIN, TROUVERONS-NOUS LA FOI?

Les catholiques lucides ne sont pas sans savoir que le catholicisme d'ici est sur une pente descendante. Entre 1960 et 2000, le taux de fidèles allant au rassemblement dominical a chuté de 80% à 20% chez les 40 ans et plus tandis que chez les plus jeunes, le phénomène a été encore plus marqué. Les gens déclarent appartenir majoritairement à l'Église et font encore baptiser leurs enfants dans une large mesure mais il ne s'agirait là qu'un réflexe identitaire avec peu d'influence sur le cours de la vie au ras de sol! Désormais les Québécois sont perméables à d'autres influences spirituelles et culturelles et il en est ainsi je pense pour les peuples occidentaux ouverts à la globalisation. Les croyants ne veulent plus ou n'acceptent plus de se soumettre aux dictats de l'institution religieuse, ils revendiquent plus d'autonomie et marchandent leur allégeance et rejettent le concept d'une foi obligatoire. Ils sont marqués par l'individualisation et la subjectivisation des croyances religieuses. Ce phénomène m'apparait inéluctable devenant un trait marquant de l'homme de ce temps! La conséquence de ce phénomène se manifeste par un rapport plus critique devant l'institution, ses enseignements, ses mesures doctrinales. Et pendant ce temps, nous remarquons que les gens qui dirigent l'institution religieuse tentent de se maintenir au pouvoir en contrôlant les postes de direction et en se clonant entre eux. Douteraient-ils donc de la conduite sage et imprévisible de L'Esprit-Saint? Une autre question pourrait se poser : vise-t-on à promouvoir l'avenir du christianisme et de l'évangélisation ou à maintenir l'institution catholique?

Les brebis semblent pacager en des clos hors de la conduite des bergers parce que ces derniers ont un message de moins en moins compréhensible, confirmant ainsi que le catholicisme officiel s'est exculturé lui-même des grands débats de société tant au plan économique, politique, éthique ou autre! Au Québec, les archevêques et les évêques sont totalement absents des médias! C'est une véritable tragédie de constater cette disqualification de la foi chrétienne dans les enjeux de notre société. Résignation ou démission de la part de ces pasteurs timorés? Cette absence a comme conséquence directe de donner à la foi chrétienne un visage déphasé et rétro!

Cette perte d'influence de la foi chrétienne accentue encore plus une disqualification de notre Église au sein de nos sociétés. Il faut dire également que nous sommes, comme Église, responsables de cette situation pour plusieurs raisons : nous sommes en décalage devant les valeurs de la société et de la culture de ce nouveau siècle, nous l'accusons de relativisme et autres assertions faciles comme si nous nous en méfions. Comment engendrer dans la foi une société que nous n'admirions pas? De plus, notre Église d'ici engendre peu dans la foi car elle a perdu son influence dans le monde de l'éducation et de la culture. Notre Église, en phase avec ce monde nouveau, parle plus de morale que de foi, ce qui n'aide pas à la chose! Et quand elle parle de morale, notre Église ne se gêne pas pour manier le bâton! Faut-il promouvoir des valeurs évangéliques ou condamner des personnes aux prises avec des situations complexes? Il me semble qu'il serait souhaitable de parler des enjeux de la vie : souffrance, mort, mal, amour, amitié…et d'apporter une vision évangélique à ces grands questionnements avec sens pastoral et compassion. Notre société séculière n'est pas agressive et n'exclut pas les valeurs spirituelles mais elle tient à ce que les contenus de foi soient soumis au débat public comme toutes questions au sein de la société. Mais là, notre Église n'ose pas parler avec les autres partenaires de la vie sociétale soit par prétention ou soit par mal être? Et par le fait même, notre Église accentue sa tragique exculturation au sein de notre société.

Mais alors qu'est-il possible de faire devant une telle situation inédite? Bien des réponses sont apportées dans ce livre de Christoph Theobald, *TRANSMETTRE UN ÉVANGILE DE LIBERTÉ.* Dans l'avenir, nous devrons accepter de n'être qu'un levain au cœur de ce monde. De plus, nous serons des révélateurs du Ressuscité et de son action au cœur de notre Galilée, nous serons présents aux points de cassure, de tensions ou de conflits pour y déposer notre vision évangélique, nous serons simplement présents pour proposer une difficile espérance au sein des enjeux politiques, économiques et culturels, nous engendrerons dans la foi parce que nous serons des partenaires de ce monde, des partenaires qui aiment ce monde!

Cette transmission de la foi, cette foi intransmissible, se fera bien simplement, au ras de sol, en épousant les joies et les peines du monde de ce temps, en étant des passeurs de la foi, en croyant à la vie, en respectant les doutes de l'autre, en engendrant dans l'amour de nouveaux croyants libres!

Nous serons des passeurs de la foi et non plus des gens qui passent plus loin en prétextant leur devoir ou leur mérite et en jugeant de haut. Nous proposerons un Évangile des Béatitudes en nous rendant proches des souffrants et nous leur proposerons une parole de plénitude au cœur de cette finitude humaine que nous partageons tous. Nous prendrons notre part de souffrances pour l'annonce du Royaume en endossant la même pratique pastorale du Christ, en qui tout a été créé et par qui tout subsiste!

En terminant, je citerai le théologien Christoph Theobald : *Confesser qu'en Christ tout a été créé, c'est donc entendre en lui et grâce à lui, dans le silence de l'univers, la voix infiniment discrète du Père Donateur de toutes choses et percevoir la possibilité donnée – avant et dès la fondation du monde – d'accéder librement et par nous-mêmes à la source de la béatitude divine, cachée dans ce qu'Il a mis Lui-même entre nos mains – la création- dont le Fils en premier et nous aussi sommes les héritiers (Rm 8, 14-18).*

Oserons-nous reprendre la parole, celle de l'Évangile, au sein de notre monde, pour y apporter une Parole de salut et de plénitude, sans peur, avec audace et surtout pour la joie de ce monde? C'est la grande question qui nous est posée comme Église! Nous avons une nouvelle réponse à apporter à la question posée. Nous avons à donner à ce monde une parole qui soit libre et libératrice et surtout gratuite, celle de l'Évangile, bien adaptée à la culture et aux valeurs de ce monde d'aujourd'hui. C'est à titre que nous pourrons véritablement parler de nouvelle évangélisation.

LA PARABOLE DE L'ÂNE QUI PORTE UNE IDOLE.

Un âne qui portait sur son dos une idole passait au milieu d'une foule en plein centre de la ville. À la vue de l'idole, les gens se prosternaient en grande hâte devant l'effigie du dieu qu'ils adoraient. Mais cet âne s'attribua ces honneurs et ses révérences tout en marchant avec prestance et noblesse, d'un pas royal en se dressant les oreilles tant qu'il le pouvait. Il se prenait pour un gros bonnet! Alors, dans la foule, quelqu'un s'en rendit compte et cria d'une forte voix : « Maitre Baudet, vous qui prétendez à ces honneurs mérités, attendez qu'on vous ait déchargé de l'idole que vous portez sur votre dos, et le bâton vous fera connaitre si c'est vous ou l'idole que nous honorons. » (D'après une fable d'Ésope)

Cette parabole se réalise encore aujourd'hui au sein de notre monde matérialisé et sécularisé. Il y a plein d'ânes qui portent des idoles sur leur dos pour en faire la promotion. Ces idoles de notre société de consommation portent des noms bien connus : luxe et luxure, argent, pouvoir, domination et contrôle... Les ânes qui portent sur eux ces idoles se considèrent puissants et sensibles aux éloges reçus. De fait, dans les médias il n'est pas rare de les voir défiler ces puissants avec leurs idoles qui reçoivent hommages et courbettes. Et si cet âne représentait les tenants des systèmes religieux? Devant ces mirages de la puissance futile, les chrétiens ont un choix exigeant à faire : quitter les idoles et leurs faux-paradis et prendre le chemin de la foi, du compagnonnage avec le Christ tout en endossant sa pratique de vie.

Le dilemme religion ou foi est vieux comme le monde. Dans l'expérience de la religion vécue à la manière païenne, je perçois un dieu, une idole comme une puissance à émouvoir et à apaiser. Dans l'expérience de la foi vécue à la manière d'Abraham, je me perçois comme aimé du Dieu-Père, en alliance avec Lui, bénéficiaire de sa vie, vivifié par sa puissance. Dans la foi, je perçois le Dieu-Père comme une puissance de vie pour nous. Dans l'expérience de la religion païenne, je dois faire valoir la puissance de l'idole afin d'en recevoir des bénéfices. En gagnant des mérites, je me sentirai en règle avec ce dieu mesquin et jaloux, soucieux de sa puissance. L'élément moteur de la

religion c'est la peur, l'élément moteur de la foi c'est l'amour. Comme cet âne prétentieux portant l'idole sur son dos, je n'ai pas à me faire valoir devant le Dieu-Père, c'est lui qui me fait valoir car il est puissance de vie et de plénitude pour nous. Retomber en système religieux païen, c'est s'en remettre au joug sécurisant de la loi en espérant des dividendes pour tous ces actes méritoires. Agir dans la foi, c'est affronter l'insécurité des choix, des engagements et les erreurs possibles dans l'exercice de la liberté rarement sécurisante.

Il est bien connu que notre prière ressemble à notre expérience spirituelle. Si notre prière est davantage païenne, elle existera par besoins à exaucer. Elle tentera alors de faire fléchir le dieu en sa faveur pour la satisfaction de ses besoins de puissance et de force. Et si ce religieux païen n'obtient pas ses faveurs escomptées, il n'hésitera pas à se révolter contre cette idole. Le religieux païen considère son dieu comme celui qui contrôle le monde et avec qui il doit donc négocier des arrangements propices.

Le Dieu-Père, tout en respectant la souveraineté de l'homme sur notre monde, nous englobe de sa bienveillance et de sa providence. Ce Dieu-Père se veut absent et discret dans les drames et les combats de la vie humaine tout en nous attirant sans cesse au partage de sa plénitude. Par la prière, je dure en amour et en alliance avec ce Dieu-Père non pas jaloux de la promotion de l'homme mais partenaire dans sa quête de plénitude. Dans la prière, comme dit l'apôtre Paul, l'Esprit gémit en nous et nous fait crier vers le Dieu-Père; cet Esprit nous fait durer en alliance pour que nous puissions trouver notre identité de fils et pour accéder enfin à la vie définitive, à la plénitude de la vie éternelle. Tu as la prière de ta foi! Tu as la prière de ta pratique de vie évangélique. Tantôt, ta prière se fera louange, tantôt elle se fera intercession afin de durer dans la solidarité pour rayonner ta foi et ton espérance.

L'âne qui paradait en plein centre-ville en portant l'Idole sur son dos devient un symbole de notre prétention humaine; quand l'homme veut se donner à lui-même cette plénitude espérée, il prend alors des chemins de domination, de manipulation. Quand l'homme découvre dans la foi le véritable chemin vers la plénitude, il prend alors des chemins de service et de promotion humaine à l'image de ce Dieu-Père qui nous fait exister dans la plein stature de fils et de filles de Dieu, en nous ouvrant à l'avenir de la Résurrection, à la stature de l'homme achevé dans la communion au Dieu vivant.

Table des Matières

AVANT-PROPOS..3

DIEU: UNE CRÉATION HUMAINE?..5

DU MYTHE À LA PROMESSE!..7

HEUREUX CES SERVITEURS, LE MAÎTRE LES SERVIRA.............9

LA PRIÈRE DE JÉSUS: PRIÈRE DE PRÉSENCE........................11

LE PRISME DE L'EXPÉRIENCE CHRÉTIENNE..........................14

EUTHANASIE: MON DERNIER GRAIN DE SEL........................16

LES ENJEUX DE LA NOUVELLE ÉVANGÉLISATION..................18

LES VISAGES DE L'EXPÉRIENCE DE DIEU.............................21

PARDONNER : NAÏVETÉ OU SAGESSE?................................23

PASSER DE LA CORDE … À LA MISÉRICORDE!.....................25

LES BÉATITUDES: POUR VIVRE DANS LE ROYAUME !............27

PROPOSITIONS POUR UNE ÉGLISE D'AVENIR.......................30

QUAND S'ÉLÈVE LE VENT DE L'ESPRIT!...............................33

UNE ÉGLISE… POUR QUEL RÈGNE?....................................37

SATAN ET L'ENFER : ON EN PARLE ENCORE?......................39

L'ÉVANGILE PAR-DESSUS LE MARCHÉ!...............................41

PASSER DU TEMPLE À LA … MAISON!.................................44

L'ICÔNE: RENDRE VISIBLE L'INVISIBLE................................46

L'ÉGLISE: ENTRE LE CARMEL ET L'HOREB!..........................49

NI RELATIVISME NI ABSOLUTISME: POUR UN CHRISTIANISME D'ICI....52

QUAND LA RELIGION SE FAIT PRÉTEXTE!............................54

DEMAIN, TROUVERONS-NOUS LA FOI?................................56

LA PARABOLE DE L'ÂNE QUI PORTE UNE IDOLE...................59

Oui, je veux morebooks!

I want morebooks!

Buy your books fast and straightforward online - at one of the world's fastest growing online book stores! Environmentally sound due to Print-on-Demand technologies.

Buy your books online at
www.get-morebooks.com

Achetez vos livres en ligne, vite et bien, sur l'une des librairies en ligne les plus performantes au monde!
En protégeant nos ressources et notre environnement grâce à l'impression à la demande.

La librairie en ligne pour acheter plus vite
www.morebooks.fr

OmniScriptum Marketing DEU GmbH
Heinrich-Böcking-Str. 6-8
D - 66121 Saarbrücken
Telefax: +49 681 93 81 567-9

info@omniscriptum.com
www.omniscriptum.com

www.ingramcontent.com/pod-product-compliance
Lightning Source LLC
Chambersburg PA
CBHW031205160426
43193CB00008B/505